チャートで
考えれば
うまくいく

一生役立つ「構造化思考」養成講座

安藤芳樹
「セブンチャート仕事術」開発者

「セブンチャート仕事術」
実践者の喜びの声

私は「セブンチャート仕事術」のおかげで企業の社長クラスとも話ができたと思っています。

これがなければ、"コイツは何を言いたいのかわからない"と思われていたことでしょう。

相手に言いたいことが伝わらない、企画書の書き方がわからないという方は「セブンチャート仕事術」を学んで、ビジネスの武器を1つ手に入れてください！

20代　女性　広告代理店（営業）

- -

「セブンチャート仕事術」をご教授していただいたことにより、体系的に自社の置かれた状況を理解することができ、強みと弱みをしっかりと分析することが可能となりました。これにより、他社にない差別化商品として、みそ漬ブランド（ぶちうま漬）を作り上げ、これまでできなかった、量販店の鮮魚・塩干部門への売り込みが可能となりました。

なんとなくこうしたら良いのでは、というあいまいな方向性がなくなり、きちんとしたバックデータをもとに話をすることで、説得力も出てきたことが、今の展開につながっているのだと思います。

40代　男性　食品メーカー（事業部長）

設計競技やプロポーザルでの説得力が増し、多くの成果を上げています。これは1つの例ですが、総務省主催の「公共施設オープン・リノベーションマッチングコンペティション」で採択を獲得しました。

そして、採択となった、愛媛県西予市宇和米博物館の指定管理者として、新たな活動をスタートさせました。

40代　男性　建築設計事務所（代表）

「セブンチャート仕事術」に沿った説明は自身も改めて内容を反芻できると共に、さらに独自のアイデアを盛り付ける余裕も生まれます。

顧客の「スムーズな納得」こそ「セブンチャート仕事術」の真骨頂です。

30代　男性　放送作家（フリー）

セブンチャート化することで自身が得られたもの、ならびに弊社の組織が得られたメリットは次の5つにまとめることができます。

①自身の頭が整理される

②相手とのコミュニケーションが良好になる

③時短ができる

④記憶に残りやすくなる

⑤相手の頭も整理できる

もはや「チャート化」は業種を問わず、ビジネスにおいて必要不可欠なスキルであると言えるでしょう。これからのデキるビジネスマンの決め手は「セブンチャート仕事術」です！

30代　男性　IT企業（代表取締役）

社内・外における提案書についてはチャートを中心に論旨展開した企画書を作成。プレゼンを受けたキーマンからわかりやすく、説得力がある内容として評価いただくようになりました。

今後も「セブンチャート」を活用していきたいと考えています。

40代　男性　資材メーカー（マネージャー）

海外駐在員として業務を行っていたときは、スタッフに難解な日本語を理解させることは難しいので、この「セブンチャート仕事術」を用いて文脈をチャート化することでスタッフの理解度を高め提案内容の精度を高めることができました。

50代　男性　広告代理店（営業マネージャー）

顧客との商談中にその内容を目の前でチャート化できるようになり、課題のもれとだぶりが顧客と共有でき、商談の効率化がアップ。また顧客の課題がはっきりわかることで、プレゼンの勝率が3割から6割に上昇、新規の仕事が増え、ビジネススキルが上がったと日々実感しています。

30代　男性　コミュニケーション系（営業）

企画書の説得力をアップさせるために「セブンチャート仕事術」を活用しています。

納得から説得への導線の説明をフローや図式でサポートするより効果的です。もちろん必要な図式は省きませんが、これまでのような、アイコンよろしく、とってつけたようなフローや図式などが不要になり、企画

書の情報効率も生産効率も上がりました。

50代　男性　情報コンサル系会社（経営）

チャート化のおかげで、ステークホルダー全員に、勘所がたちまち伝わるから、アウトプットの品質が格段に上がりました！
「しっかり打ち合わせをしているつもりなんだけど、スタッフにいまいち本筋が伝わってないんだよな…」「打ち合わせしているんだけど、スタッフ間で齟齬が多くて、すごいロスを感じてしまう…」
そんな、営業・プロデューサー・ディレクターなどの職種の方々にオススメします。

30代　男性　広告代理店（営業マネージャー）

「チャート化」の訓練をする中で、自然と「もっとも伝えたいこと」は何かを考える癖がついた。
その経験が人とコミュニケーションをとる際はもちろん、現在の仕事においても「目標設定」や「課題解決」をする際など、さまざまな場面で活かされていると思う。
ぜひ安藤さんの「セブンチャート仕事術」を通して、「自分が変わる瞬間」を体験していただければと思う。

20代　女性　広告代理店（デスク）

はじめに

　誰かに何かを提案する。

　どんな業種であれ、どんな職種であれ、ビジネスマンにはそのような機会が幾度となく訪れます。

　そんなとき、大きな助けとなるのが、企画書や提案書といった類のものです。それらの出来不出来が結果を大きく左右することは、多くの人の実感ではないでしょうか。

　また、場合によっては、企画書や提案書の時点でふるいにかけられる可能性もあり、そうなると、企画書や提案書で相手に自分の意図を正確に伝えられなければその先に進むことさえできない、ということも十分にありえます。

　コロナ禍をきっかけに対面ではなく、オンラインでのやりとりが主流になりつつある今、いわゆる「資料」の重要性はますます高まっていると言えるでしょう。

　では、「相手にYESと言わせる資料」とはいったいどんなものでしょうか？

・写真などのビジュアル素材が充実している
・数値がグラフなどで可視化されている
・メリハリやインパクトがある
・シンプルである

確かにこれらも大切です。しかし、究極的には優れた企画書の定義は、次のひとことに尽きると私は思っています。

「真意が伝わる」

つまり、「言いたいことを的確に伝えられるかどうか」というのが資料作成のキモなのです。

たとえどれだけ美しかろうと、シンプルだろうと、意図したこととは違うメッセージが伝わってしまうようでは、なんの意味もありません。そして「言いたいことを的確に伝える資料」の主役となるのは、写真でも数字でもグラフでもなく**「言葉」**です。

相手を論理的に納得させるのにもっとも効果的なのは、結局のところ言葉（＝文章）なのです。

中にはイメージや感情先行で判断を下す相手もいるかもしれませんが、そのような判断で得たYESは再びイメージや感情でNOに転じる危険があります。

そういう意味でも、**論理で納得させた上でYESを引き出すことが大事**だと言えるでしょう。

だからといって、言いたいことをただ言葉にして並べるだけでは、決して真意は伝わりません。

相手を納得させる文章は例外なく論理的です。「論理的である」とは、例えば「なにが結論で、それにいたる理由はなんなのか」といった「論理的な構造」を有しているということです。

ⓐ

「ホワイトペーパー」とは一般的に政府や公共機関による「年次報告書」、つまり「〇〇白書」の意味ですが、「マーケティング」で使うときは意味が異なります。「マーケティング用語」では「製品」や「サービス」の「機能説明」や「市場分析」を「文書化」したものを指します。

ⓑ

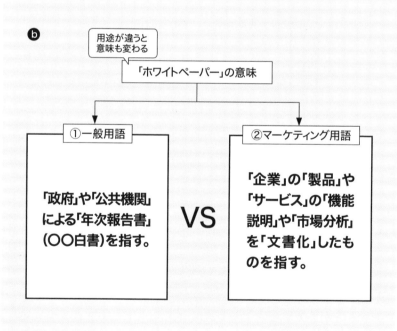

用途が違うと
意味も変わる

「ホワイトペーパー」の意味

①一般用語

「政府」や「公共機関」による「年次報告書」（〇〇白書）を指す。

VS

②マーケティング用語

「企業」の「製品」や「サービス」の「機能説明」や「市場分析」を「文書化」したものを指す。

しかし、論理的な文章であれば、必ずしも相手が納得するのかと言えば必ずしもそうではありません。

　左の2つの資料を見てください（資料の内容は、インターネットのいくつかの記事を参考にして作成しました）。

　パッと見て、わかりやすいのはどちらでしょうか。

　論理的かどうか、という意味では、❷も❸も合格です。それでも、パッと見た瞬間わかりやすいのは明らかに❸ですよね。

　では両者の違いはなんでしょうか。

　それは、**「論理的な構造」の見えやすさ**です。

　❷の資料で論理の構造を理解するためには文章をしっかり読み込まなければなりません。それが「わかりにくい」と感じさせる要因です。逆に❸の文章は**「チャート化」という方法によって「論理の構造」を可視化しています。**だからこそ、わかりやすいのです。

　かつて大手広告代理店に勤務していた私は、数値の意味はチャート化すれば一目で伝わるということを、とある勉強会で学びました。その効果は個人的にも実感できるものでしたが、あるときふと、「だったら文章だって、チャート化すればもっとわかりやすくなるのではないか」と思ったのです。

　そこで取り組んでみたのが、ビジネス本の要約でした。250〜300ページくらいのビジネス本を、文章の構造を整理しながら独自にチャート化するという方法で100シートほどのボリュームにまで落とし込んでいったのです。

試しに知り合いの多忙なビジネスマンたちにそうしてできた「要約シート」を渡したところ、膨大な量のビジネス本のエッセンスが短時間で効率的に理解できると大好評をいただきました。

　その反応に気をよくした私は、その後も要約という名の「ビジネス本のチャート化」にせっせと取り組み、気づけば挑んだビジネス本の数は100冊分、要約チャートの数は1万シート以上に上っていたのです。

　そんな中で私が見出したのは、どんな文章も「論理の構造」には限られたパターンしかないということです。もっと具体的に言うなら、そのパターンはたった7種類（厳密には5種類）。

　7種類のチャートを組み合わせれば、どれだけボリュームのあるビジネス本でも、そのエッセンスを短時間で効率的に理解できる形に変換できることに気づいたのです。

　それならば、逆に7種類の「論理の構造」をチャート化して示すノウハウさえ身につければ、自分の伝えたいことを、わかりやすく相手に伝えることができるようになるのではないか。

　そう考えるようになった私は、用途に応じた7つのチャート、すなわちこの本のテーマである**「セブンチャート」**の構築を始めました。そしてあるとき、クライアントキーマンとの打ち合わせに参加したあと、すぐさま内容をチャートにまとめ、思いきってそれをフィードバックしてみたところ、「モヤモヤしたアイデアが言語化された！」と絶賛されたのです。そしてそれが高い信頼を勝ち得るきっかけにもなりました。

　以来セブンチャートは、マーケティング・コンサルタントを本業とす

る私にとって欠かせないものになりました。

　新規事業開発の企画書を書くときはもちろん、会議の議事録（兼アクションプラン）を作成するときも、ミーティングや部下とのブレストのあとにその内容をまとめるときも、新入社員の研修資料を作成するときも、セブンチャートがあれば、必要なことをもれなく、しかも効果的に可視化することができます。その結果、企画は通りやすくなり、会議やミーティング、ブレストの結果、あるいは研修の内容が行動につながりやすくなりました。それはすなわち、効果的にメッセージが伝わるようになったことの表れです。

　また、部下の書いた企画書を推敲したり、スピーチが苦手な人に指導する際も、セブンチャートを活用します。すると誰もが、「言いたいことがズバリ伝えられるようになった」と嬉しそうに報告してくれるのです。

　「セブンチャート」は、文章を分解してはめ込んでいくだけで、誰でも簡単に「論理の構造」を可視化できる、とてもシンプルなフレームワークです。

　企画書をどう書けばいいかわからない人、自分が伝えたいことがうまく伝わらないという人、もっと効率的に仕事をしたい人など、すべてのビジネスマンに自信をもっておすすめします。

　真意を的確に伝えるこのチャートのノウハウを、資料作りのみならず、仕事の効率化やコミュニケーション力のアップなどに存分に役立てていただければ、開発者としてこんなに嬉しいことはありません。

　さあ、さっそくトレーニングから始めましょう。

安藤芳樹

Contents

はじめに ⋯⋯ 006

chapter 1 一生役立つシンプル思考法
「セブンチャート」の基本

なぜ、セブンチャートは効果的なのか？ ⋯⋯ 016
7つのチャートの役割
1 センテンスチャート ⋯⋯ 021
2 定義チャート ⋯⋯ 022
3 YES NO チャート ⋯⋯ 023
4 要素チャート ⋯⋯ 024
5 VS チャート ⋯⋯ 025
6 プロセスチャート ⋯⋯ 026
7 ランタンチャート ⋯⋯ 027

chapter 2 脳内にチャート変換器をインストールしよう！
セブンチャートトレーニング

論理構造を可視化するトレーニング方法 ⋯⋯ 032
課題文 ⋯⋯ 034
training 1 センテンスチャート ⋯⋯ 036
training 2 定義チャート ⋯⋯ 050
training 3 YES NO チャート ⋯⋯ 053
training 4 要素チャート ⋯⋯ 058

training 5　VSチャート …… 062

training 6　プロセスチャート …… 066

training 7　ランタンチャート …… 070

練習問題 …… 076

chapter 3　あなたは複雑に考えすぎている…
思考のアウトプットトレーニング

なぜ、アウトプットするのか？ …… 090

training 1　言葉の定義を明らかにしたい⇒定義チャート …… 095

training 2　なにかのメリットを強調したい⇒YES NO チャート …… 098

training 3　要素を整理したい⇒要素チャート …… 101

training 4　2つの要素を比較検討したい⇒VS チャート …… 105

training 5　時系列や論理の流れを表したい⇒プロセスチャート …… 110

chapter 4　「君の提案書、なんでこんなに見やすいんだ？」
実践！ YESと言わせる資料作り

頭の中を可視化する …… 116

example 1　会社の決裁システムの改善を会社に提案するための資料作成 …… 117

example 2　自由時間の導入を提案するための資料作成 …… 122

example 3　目的の精査を提案するための資料作成 …… 128

練習問題 …… 136

おわりに …… 172

付録 セブンチャートテンプレート集 …… 174

「セブンチャート」の構造をセブンチャート化!!

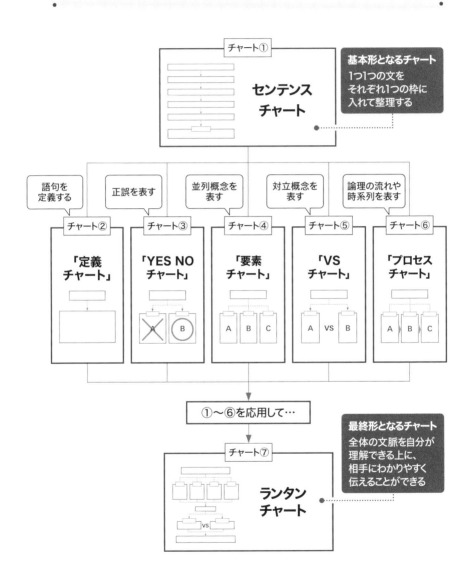

一生役立つシンプル思考法

「セブンチャート」
の基本

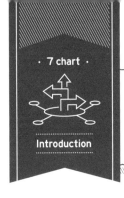

なぜ、セブンチャートは効果的なのか？

感情ではなく、論理で動く必要があるビジネスの世界では、論理の構造を明らかにするさまざまなフレームが活用されます。

その中でもよく知られているのが、次の3つです。

● ロジックツリー

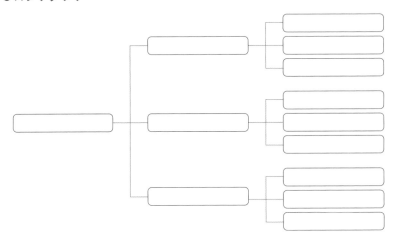

問題の原因究明や課題解決などのために使われるフレームワーク。関連した要素をツリー状に分解し、ブレイクダウンしていく。

● SWOT分析

	好影響	悪影響
内部環境	S Strength	W Weakness
外部環境	O Opportunity	T Threat

「Strength＝強み、Weakness＝弱み、Opportunity＝機会、Threat＝脅威」の頭文字をとったフレームワーク。上の4つの視点で競合や環境の要因分析を行う。

● 3C分析

```
         自社(Company)
         ・自社の強み／弱み
         ・自社の市場での立ち位置
         ・自社のリソース
```

```
競合(Competitor)              市場・顧客(Customer)
・競合の市場シェア             ・市場環境
・競合他社の強み／弱み          ・顧客層
・競合のリソース               ・顧客の購買行動
                             ・顧客ニーズ
```

「Company＝自社、Competitor＝競合、Customer＝市場・顧客」の頭文字をとったフレームワーク。ビジネスの市場を3つの視点で把握・分析する。

あなたもどこかで見たことがあると思います。

ところが実際には、これらのフレームを、うまく活用できる人は決して多くありません。

それはなぜでしょうか。

ロジックツリーのフレームワークを例に考えてみましょう。

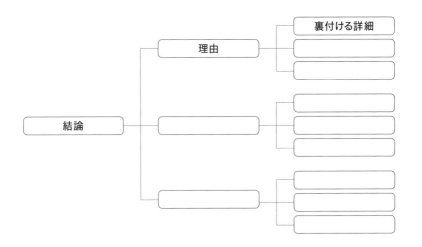

ロジックツリーの使い方は簡単です。まず相手にもっとも伝えたいことを「結論」の欄に書き込みます。

次に、なぜその結論に至ったのかを「理由」の欄に書き、必要に応じてその理由を裏付ける詳細をその次の欄に入れるだけ。

これで完成です！

……これ、本当に簡単でしょうか？

　「こんなの簡単じゃん！」と自信をもって言える人は、なにが「結論」で、なにが「理由」で、なにが「それを裏付けるのか」という、「論理の構造」が、頭の中でちゃんとでき上がっている人です。ロジックツリーのフレームに書き込む作業によって論理的思考に導かれたわけではなく、頭の中にある「論理の構造」を可視化したにすぎません。

　SWOT分析や3C分析のフレームも同様で、これらに楽に書き込めることは、「論理の構造」がしっかり把握できているなによりの証拠なのです。

　つまり、ロジックツリーやSWOT分析、3C分析といったフレームというのは、「頭の中で組み立てた論理の構造を、より目的に合った形でわかりやすくアウトプットする」ためのツールだと考えるべきでしょう。

　けれども実際には多くの人が、これらのフレームを前にしてもなにをどこにどう書き込んでよいかわからず、頭を悩ませることになります。
　それは頭の中がまだ混沌としていて、「論理の構造」が整理されていないからにほかなりません。思考がまだ論理的に組み立てられていないと言ってもいいでしょう。

　そのような人に必要なのは、アウトプットのためのツールではありません。

それ以前の、**思考を整理し、真意を論理的に組み立てる＝論理を構造化するためのフレームワーク**なのです。

そこで登場するのが、私が考案した**「セブンチャート」**です。

あなたが、文章を書くのが苦手でも、問題ありません。書きなぐっただけの文章で十分です。思いつくままに書いた文章を7種類のチャートにしていくだけで、論理の構造が可視化され、思考が驚くほど短時間に、すっきりと整理されます。

もちろん第三者に論旨を明確に伝える効果もありますから、そのままアウトプットのツールとしても活用できます。

また、セブンチャートを使って論理の構造化さえできれば、SWOT分析、3C分析、ロジックツリーなどの中から適切なツールを使い、より状況に応じたアウトプットにつなげることも可能です。

つまり、どうアウトプットするかはあくまでも最終形であり、その土台にあるのは思考の整理という名の「論理の構造化」です。それができてはじめて、アウトプットのスタートラインに立てるのだとも言えるでしょう。

セブンチャートを使いこなせば、「論理の構造化」が簡単にできるようになります。ただし、そのためには簡単なトレーニングが必要です。

第2章からは実際のトレーニングについて説明していきますが、その前に、まずはセブンチャートを構成するチャートの種類とそれぞれのおおまかな特徴をお話ししておきましょう。

７つのチャートの役割

❶センテンスチャート

セブンチャートのスタートラインとなるチャートです。

セブンチャートの柱となる5つのチャートに枝分かれさせるための「準備チャート」という位置づけですが、論理の構造化への足掛かりとなるだけでなく、チャート同士をつなぐ役割を果たすこともあります。また、センテンスチャートに変換するだけでも、ただの文章よりは格段にポイントがわかりやすくなるので、他のチャートへの変換が難しいときや、変換する時間がないときにはそのまま使うこともできます。

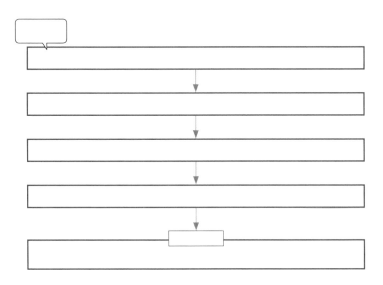

❷定義チャート

文字通り、言葉の定義を明らかにするためのチャートです。

「定義」とは、万人が共通認識をもつための手段ですが、言葉の受け取り方は人によって異なるケースが意外なくらい多く、ここが一致していなければ、真意は決して伝わりません。また、そもそも自分自身が意味を誤解していたりあやふやな理解をしたままでは、間違った方向に思考が整理されていく危険性があります。それらを防ぐために活用したいのが、この定義チャートなのです。

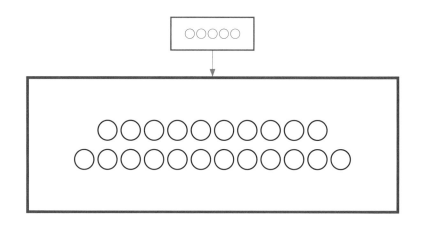

❸ YES NO チャート

　正しいこと（肯定したいこと）と正しくないこと（否定したいこと）を明確に分けるためのチャートです。

　正しくないことを明示するのは、正しいことにスポットをあてるための方法の1つです。そのため、メリットを強調したい場合にとても役立ちます。

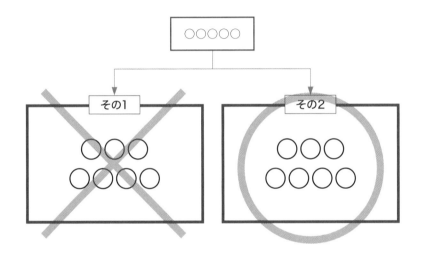

❹要素チャート

　並列する要素を整理するためのチャートです。要素やアイデアをもれなく洗い出す際などに役立ちます。

　下のひな形では、並列させる要素は3つですが、数に決まりはありません。ただ、セブンチャートの特徴の1つは、パッと見てすぐにわかるということであるため、5つ（多くても7つ）ぐらいまでが妥当だと言えます。

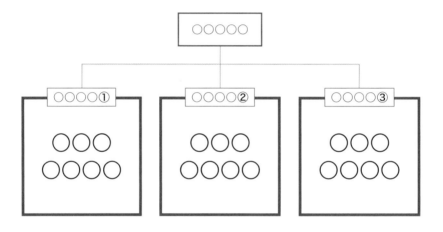

❺ VSチャート

比較検討の際に役立つチャートです。

先に紹介した「YES NOチャート」は、どちらかを肯定する手段として他方を否定する形をとりますが、「VSチャート」は2つを平等に比較したり、対立する概念を示すことができます。

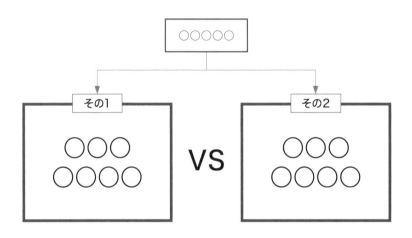

❻プロセスチャート

　時系列や論理の流れを表すチャートです。

　頭の中では連続している要素を、枠に入れて整理することで、根本的な原因が見えてきたり、さらには結果の予測、解決法などを見出すこともできます。

　下のひな形では、要素は3つですが、数に決まりはありません。ただ、要素チャートと同様に、5つ（多くても7つ）ぐらいまでが妥当だと言えます。

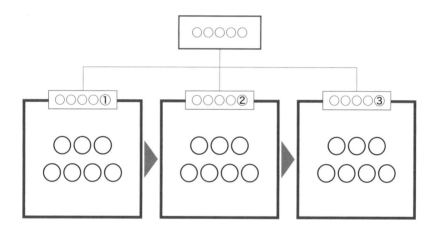

❼ランタンチャート

❶～❻のチャートを必要に応じ組み合わせ、思考全体を整理します。セブンチャートの最終形がランタンチャートです。

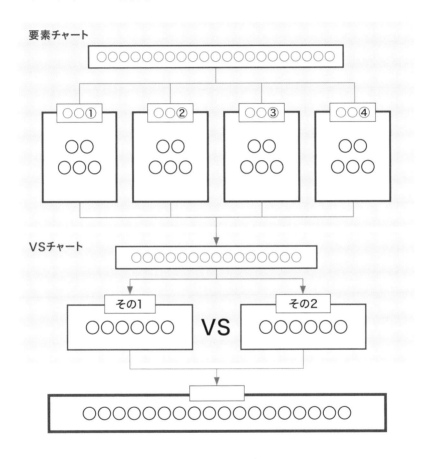

上の図は、要素チャートとVSチャートを組み合わせています。

組み合わせに決まりはありません。あなたが伝えたいことが一番伝わるランタンチャートを作りましょう。

以上が、それぞれのチャートの特徴と役割です。

　もうおわかりですね。

　7種類のチャートがあると言っても、実質的には5種類です。センテンスチャートは別のチャートに変換するための準備チャート（もしくはチャートとチャートをつなぐもの）であり、ランタンチャートは各チャートの組み合わせです。

　たった5種類のチャートさえ使いこなせれば、「論理の構造化」が簡単にできるようになります。

　そうすれば真意は伝わりやすくなり、相手にYESと言われる資料を完成させられるというわけです。

　それぞれのチャートの作り方の説明を始める前に、チャートを作る上で大切な3つのポイントを次のページにまとめました。

　これらの点に注意して、自分なりのセブンチャートを作っていってください。

効率的に「セブンチャート」を作るインフラ整備

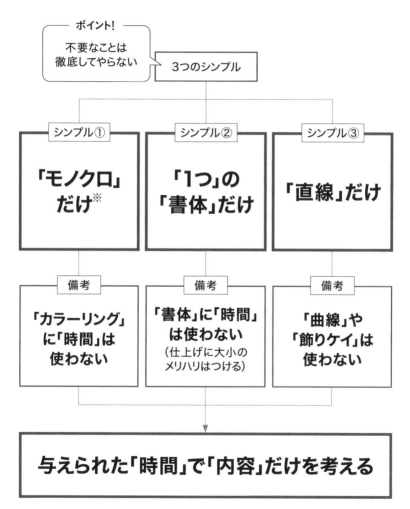

ポイント!
不要なことは
徹底してやらない

3つのシンプル

シンプル①

「モノクロ」
だけ※

シンプル②

「1つ」の
「書体」だけ

シンプル③

「直線」だけ

備考

「カラーリング」
に「時間」は
使わない

備考

「書体」に「時間」
は使わない
（仕上げに大小の
メリハリはつける）

備考

「曲線」や
「飾りケイ」は
使わない

与えられた「時間」で「内容」だけを考える

※本書では、本文との違いを明確にするため、また、枠内の文字を読みやすくするために、
2色で表示しています。

実録「セブンチャート」の使い方①

セブンチャートとは何か、その概要を第1章でお伝えしました。
私はこのチャートを業務のあらゆる場面で使っています。
では、実際、どのように使っているのか（作っているのか）を少しご紹介しましょう。

● 新規事業開発の企画書作成

➡ ブレストで出たアイデアをメモ書きしておき、その内容を1つ1つに要素分解する。そしてすべての要素をセブンチャートで表現する

➡ 主に使うチャートは「定義チャート」「YES NOチャート」「要素チャート」「プロセスチャート」

➡ 1シート1メッセージで作成する

➡ できた段階でロジックに合わせページの順番に並べる

➡ 結論の最初のページでサマリーとして見せる

※プレゼンしたい相手に合わせて微修正は適宜加える

● 定例会議の議事録作成

➡ 大きな方針が決まれば「定義チャート」をアレンジして「方針チャート」として大きくドーンと記述しておく

➡ 決まった方針の対案があった場合は「YES NOチャート」で対案に×をしたページを追加する

➡ 決まった方針をどういう順番で進めていくかを「プロセスチャート」で視覚化して、誤解がないように全員と共有する

➡ 決まったことをメリハリあるチャートにして、アクションプランに落とし込むために「要素チャート」でしっかりと言語化しておく

➡ タイムスケジュールと一緒にフィードバックや進捗管理の予定もその場で決めて「会議しっぱなし」を避けられる仕組みにしておく

日常的にセブンチャートを使用する際のボリュームなどは、171ページでお伝えします。

脳内にチャート変換器を
インストールしよう！

セブンチャート
トレーニング

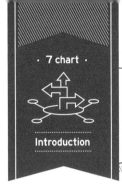

論理構造を可視化するトレーニング方法

　第1章で、セブンチャートの概要はつかんでいただけたと思います。

　それでは、さっそく、セブンチャートを使って、論理を構造化するトレーニングを行いましょう。

　とはいえ、自分の頭の中にある思考の論理をいきなり構造化するのは難しいので、まずは、「与えられた文章の構造をセブンチャートを使って要約する」ことから始めましょう。

　なぜこのトレーニングが効果的なのかというと、右の図にも示したように、YESと言わせる資料を作る過程にある、セブンチャートを使って「論理の構造」を可視化する作業は、文章を要約するときに踏む段取りと同じだからです。

　そもそも私がセブンチャートの考案に至ったのも、「ビジネス本を要約する」という作業を繰り返したおかげですし、これは理にかなった方法だと言えます。

　また、トレーニングの題材は、論理がはっきりしているビジネス本がもっとも適しています。

●論理の構造の可視化は文章の要約と同じ

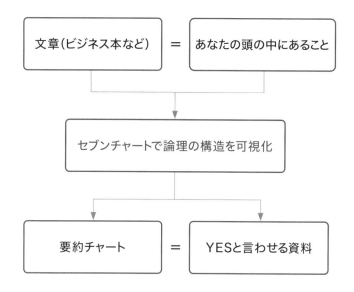

　ではこれから、文章の論理の構造を、セブンチャートを使いながら可視化するトレーニングを行います。

　次ページに掲載した課題文は、本章のすべてのトレーニングに共通するものです。さっそく、始めましょう！

※なお、本章以降、課題や練習問題などの文章のうち、出典元の記載がないものは、すべてWeb記事や書籍、ニュースを参考に私が作成したものです。

「マーケティング？　興味あるけど、なんだかムズカしそう…」
そんなふうに思っている人、けっこう多いのでは？　だいたい、そもそもマーケティングって何なの？

「数字やグラフを分析する仕事？（なんだか難しそう…）」
「商品の宣伝や販促を手がける、華やかなイメージの部署？」
「電話をかけたりDMを出したりしてお客さんを集めること？」
「あのーよくわからないんですが、営業とはどう違うの？」

こんなふうに、とかく断片的かつ抽象的なイメージを持たれがちな「マーケティング」。もちろん、どの説明もマーケティングの一部を言いあらわしていて、間違ってはいないのだけれど、それだけじゃ不十分。

「マーケティングなんて、販促や営業の人が知っておけばいいでしょ？
自分の仕事には関係ないや」
そうつぶやく人もいるかもしれない。でも、それは大きな間違いだ！
「マーケティング」は「企業人」すべてが知るべき「知見」なのです。
マーケティングはひとことで言えば、自社の売上・利益を増やすための「しくみ」をつくること。
企画部門であれば、時代や顧客の変化に合わせたイノベーティブな「新製品」を創造するといい。開発部門であれば、自分の関わる新商品をマーケティング的視点で見なおして、改良点を提案するといい。物流部門であれば「ロジスティクス」について考えを深めることで、より「効

率的」な「商品」の「物流体制」を思いつくかもしれない。販売部門で
あれば売上を上げて自社に利益をもたらすためのアイデアを考えて実行
することができる。サービス部門であれば「購入顧客」の満足度を高め
るための「アフターサービス」や「メンテナンス」の新たな「仕組み」
を考えてもいい。

こんなふうに、自分の仕事が営業だろうと、商品開発だろうと、商品管
理だろうと、すべてはマーケティングに結びついている。ひとりひとり
がそのような考え方を持てば、「会社」はどんどん売上を伸ばして、き
みの給料だってあがっていくかもしれない！

マーケティングの目的は、究極的には「セリング（販促）」をなくすこ
とです。
「勝手に売れる仕組みづくり」とも言えます。
プロモーションの目的は、販促のさまざまな手法を開発・実践すること
です。
「売る努力」をし続ける形態とも言えます。
このように、マーケティングとプロモーションは似て非なるものなので
す！
つまり！　少しでも営業成績をあげようとがんばっているきみも、はじ
めてマーケティングを学ぼうというきみも、もうそれなりに経験を積ん
でいるきみも、必ず役に立つのは、いつも「基本（つまり、物事の本質）」
だ。その中に、ライバルたちと差がつく、ワンランクアップの鍵があ
る。というわけで、そろそろ本気でビジネスしようと思ったら、マジで
マーケティングをかじってみることだ。さあ、本気で始めよう。

　（『マーケティングを学べ‼』丸山正博著、ディスカヴァー・トゥエンティワンを引用・改変）

センテンスチャート

　まずは、セブンチャートのスタートラインとなる「センテンスチャート」のトレーニングです。

　「センテンスチャート」では、元原稿を5つのチャートに変換させるまでの準備を行います。

STEP 1 書体をゴシック体に変換する

　今どき企画書を手書きで書く人はほとんどいないでしょうから、パソコンで作成することを前提にお話しします。

　最初にやるべきなのは、書体をゴシック体に変換することです。

　明朝体とは、課題文で使用されているような楷書がベースとなっている書体です。今あなたが読んでいるこの文章も同じく明朝体です。

　個人的な感覚かもしれませんが、明朝体はよくも悪くも「人の感情」を喚起しやすいというのが私の印象です。小説などは明朝体で読むほうが心に響くものがあるのですが、論理的に考えようとする場合は「感情」はむしろ邪魔になります。そこで、セブンチャートで論理の構造化を図る際には、文字はすべて装飾性を排除したゴシック体に変換することをおすすめしています。

　課題文をゴシック体に変換すると次のような形になります。

ゴシック体に変換した課題文

「マーケティング？　興味あるけど、なんだかムズカしそう…」
そんなふうに思っている人、けっこう多いのでは？　だいたい、そもそもマーケティングって何なの？

「数字やグラフを分析する仕事？（なんだか難しそう…）」
「商品の宣伝や販促を手がける、華やかなイメージの部署？」
「電話をかけたりDMを出したりしてお客さんを集めること？」
「あのーよくわからないんですが、営業とはどう違うの？」

こんなふうに、とかく断片的かつ抽象的なイメージを持たれがちな「マーケティング」。もちろん、どの説明もマーケティングの一部を言いあらわしていて、間違ってはいないのだけれど、それだけじゃ不十分。

「マーケティングなんて、販促や営業の人が知っておけばいいでしょ？　自分の仕事には関係ないや」
そうつぶやく人もいるかもしれない。でも、それは大きな間違いだ！「マーケティング」は「企業人」すべてが知るべき「知見」なのです。
マーケティングはひとことで言えば、自社の売上・利益を増やすための「しくみ」をつくること。

企画部門であれば、時代や顧客の変化に合わせたイノベーティブな「新製品」を創造するといい。開発部門であれば、自分の関わる新商品をマーケティング的視点で見なおして、改良点を提案するといい。物流部門であれば「ロジスティクス」について考えを深めることで、より「効率的」な「商品」の「物流体制」を思いつくかもしれない。販売部門であれば売上を上げて自社に利益をもたらすためのアイデアを考えて実行することができる。サービス部門であれば「購入顧客」の満足度を高めるための「アフターサービス」や「メンテナンス」の新たな「仕組み」を考えてもいい。

こんなふうに、自分の仕事が営業だろうと、商品開発だろうと、商品管理だろうと、すべてはマーケティングに結びついている。ひとりひとりがそのような考え方を持てば、「会社」はどんどん売上を伸ばして、きみの給料だってあがっていくかもしれない！

マーケティングの目的は、究極的には「セリング（販促）」をなくすことです。
「勝手に売れる仕組みづくり」とも言えます。
プロモーションの目的は、販促のさまざまな手法を開発・実践することです。
「売る努力」をし続ける形態とも言えます。
このように、マーケティングとプロモーションは似て非なるものなのです！
つまり！　少しでも営業成績をあげようとがんばっているきみ

も、はじめてマーケティングを学ぼうというきみも、もうそれなりに経験を積んでいるきみも、必ず役に立つのは、いつも「基本(つまり、物事の本質)」だ。その中に、ライバルたちと差がつく、ワンランクアップの鍵がある。というわけで、そろそろ本気でビジネスしようと思ったら、マジでマーケティングをかじってみることだ。さあ、本気で始めよう。

STEP 2
1枠1文としてセンテンスチャートに書き込んでいく

　文章をばらし、センテンスチャートの1枠に1文ずつ書き込んでいきます。その際、直感でかまいませんから、「大事だな」とか「ポイントになるな」と感じる単語には「　　」をつけてください（元の文章において「　　」がついている箇所は、そのまま「　　」をつけておきます）。

　また、「でも」「そして」「しかし」「それに対し」「一方」「だが」「むしろ」「けれども」などの接続詞は、文から切り離し、左側に吹き出しを作ります。
　「〜であれば」「〜とは？」などの問いかけも左側に吹き出しを作って入れるといいでしょう。

　「こういうわけで」「そんなふうに」「つまり」「要するに」「だから」「そのため」「その結果」「したがって」「よって」「すなわち」「なぜなら」「言い換えれば」など、これまで語ってきたことをひとくくりにするようなフレーズは、枠の真ん中に小窓を作り、そこに入れましょう。

それでは、課題文を使ってやってみましょう。

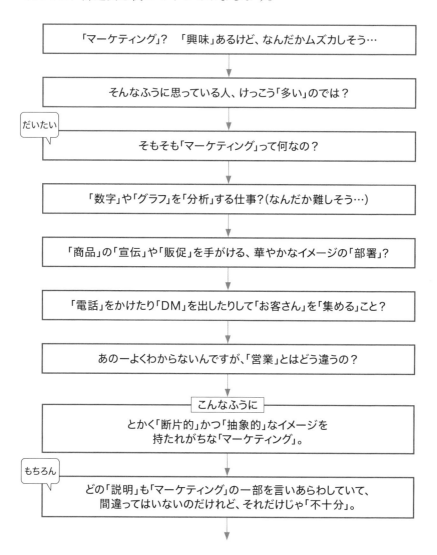

「マーケティング」？　「興味」あるけど、なんだかムズカしそう…

そんなふうに思っている人、けっこう「多い」のでは？

だいたい

そもそも「マーケティング」って何なの？

「数字」や「グラフ」を「分析」する仕事？（なんだか難しそう…）

「商品」の「宣伝」や「販促」を手がける、華やかなイメージの「部署」？

「電話」をかけたり「DM」を出したりして「お客さん」を「集める」こと？

あのーよくわからないんですが、「営業」とはどう違うの？

こんなふうに

とかく「断片的」かつ「抽象的」なイメージを
持たれがちな「マーケティング」。

もちろん

どの「説明」も「マーケティング」の一部を言いあらわしていて、
間違ってはいないのだけれど、それだけじゃ「不十分」。

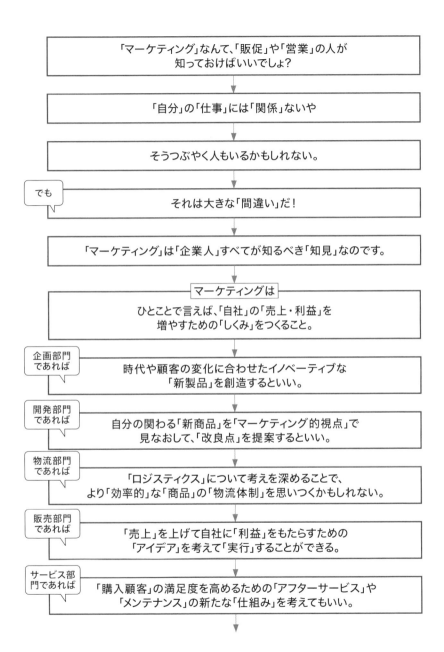

「マーケティング」なんて、「販促」や「営業」の人が
知っておけばいいでしょ?

「自分」の「仕事」には「関係」ないや

そうつぶやく人もいるかもしれない。

でも

それは大きな「間違い」だ!

「マーケティング」は「企業人」すべてが知るべき「知見」なのです。

マーケティングは

ひとことで言えば、「自社」の「売上・利益」を
増やすための「しくみ」をつくること。

企画部門
であれば

時代や顧客の変化に合わせたイノベーティブな
「新製品」を創造するといい。

開発部門
であれば

自分の関わる「新商品」を「マーケティング的視点」で
見なおして、「改良点」を提案するといい。

物流部門
であれば

「ロジスティクス」について考えを深めることで、
より「効率的」な「商品」の「物流体制」を思いつくかもしれない。

販売部門
であれば

「売上」を上げて自社に「利益」をもたらすための
「アイデア」を考えて「実行」することができる。

サービス部
門であれば

「購入顧客」の満足度を高めるための「アフターサービス」や
「メンテナンス」の新たな「仕組み」を考えてもいい。

こんなふうに

「自分」の「仕事」が「営業」だろうと、「商品開発」だろうと、
「商品管理」だろうと、すべては「マーケティング」に結びついている。

「ひとりひとり」がそのような「考え方」を持てば、「会社」は
どんどん「売上」を伸ばして、きみの「給料」だってあがっていくかもしれない!

「マーケティング」
の目的は

究極的には「セリング(販促)」をなくすことです。

「勝手に売れる仕組みづくり」とも言えます。

「プロモーション」
の目的は

「販促」のさまざまな「手法」を「開発・実践」することです。

「売る努力」をし続ける形態とも言えます。

このように

「マーケティング」と「プロモーション」は「似て非なるもの」なのです!

つまり

少しでも「営業成績」をあげようとがんばっている「きみ」も、はじめて
「マーケティング」を学ぼうという「きみ」も、もうそれなりに「経験」を積んでいる
「きみ」も、必ず「役に立つ」のは、いつも「基本(つまり、物事の本質)」だ。

その中に、「ライバル」たちと差がつく、「ワンランクアップ」の「鍵」がある。

というわけで

そろそろ「本気」で「ビジネス」しようと思ったら、
マジで「マーケティング」をかじってみることだ。

さあ、「本気」で始めよう。

枠と枠の関係を分析し、変換するチャートの候補を考える

一連の文章が1文ごとに整理され、文章の構造が見えやすくなったところで、完成したセンテンスチャートを、小窓に書き込まれた接続詞や問いかけの文章をヒントにしながら、以下の視点で眺めてみます。

- 言葉の定義を明らかにしている箇所はないか？
- 正しいこと（もの）と正しくないこと（もの）を分けている箇所はないか？
- 並列する要素がないか？
- 比較や対立がなされていないか？
- 時間や論理の流れが語られていないか？

枠と枠との関係が見えてきたら、どのチャートが使えそうか、あたりをつけてみましょう。次のページにチャートをまとめましたので、参考にしてみてください。

どのチャートを使えそうかというのは感覚的な判断を要することもあります。最初は難しく感じるかもしれません。けれども、反復訓練により必ず身につきますから、いろいろなビジネス本を題材に取り組んでみてください。

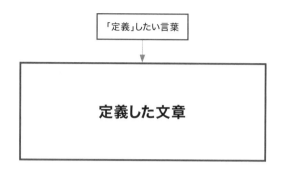

言葉の定義を
明らかにしている箇所
≫
定義チャート

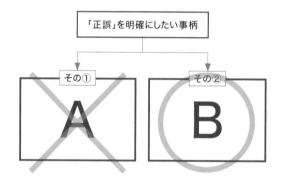

正しいこと(もの)と
正しくないこと(もの)を
分けている箇所
≫
YES NOチャート

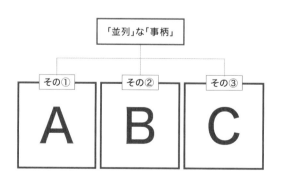

並列する要素
≫
要素チャート

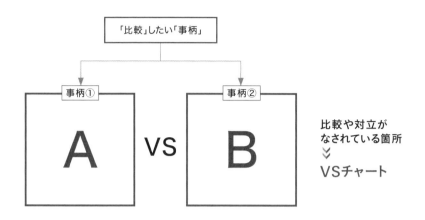

比較や対立が
なされている箇所
≫
VSチャート

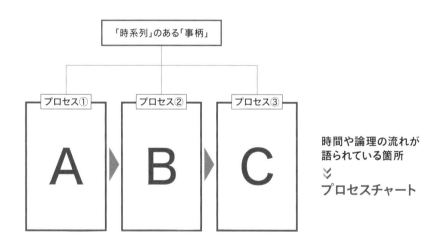

時間や論理の流れが
語られている箇所
≫
プロセスチャート

それでは、課題文を使ってやってみましょう。

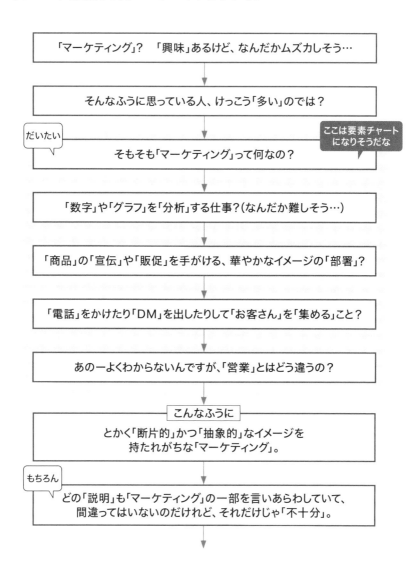

「マーケティング」？　「興味」あるけど、なんだかムズカしそう…

そんなふうに思っている人、けっこう「多い」のでは？

だいたい

ここは要素チャート
になりそうだな

そもそも「マーケティング」って何なの？

「数字」や「グラフ」を「分析」する仕事？（なんだか難しそう…）

「商品」の「宣伝」や「販促」を手がける、華やかなイメージの「部署」？

「電話」をかけたり「DM」を出したりして「お客さん」を「集める」こと？

あのーよくわからないんですが、「営業」とはどう違うの？

こんなふうに

とかく「断片的」かつ「抽象的」なイメージを
持たれがちな「マーケティング」。

もちろん

どの「説明」も「マーケティング」の一部を言いあらわしていて、
間違ってはいないのだけれど、それだけじゃ「不十分」。

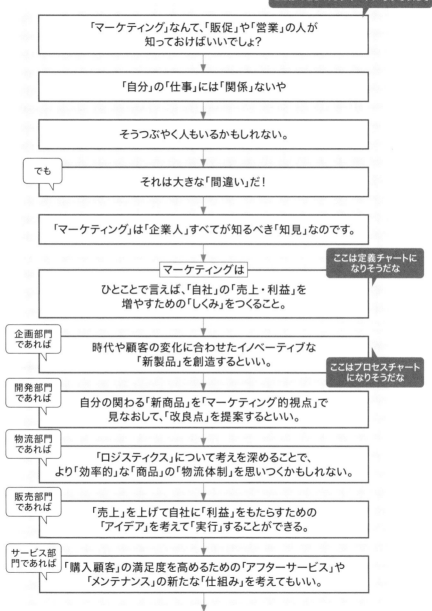

ここは YES NOチャートになりそうだぞ

「マーケティング」なんて、「販促」や「営業」の人が
知っておけばいいでしょ?

「自分」の「仕事」には「関係」ないや

そうつぶやく人もいるかもしれない。

でも

それは大きな「間違い」だ!

「マーケティング」は「企業人」すべてが知るべき「知見」なのです。

マーケティングは

ここは定義チャートに
なりそうだな

ひとことで言えば、「自社」の「売上・利益」を
増やすための「しくみ」をつくること。

企画部門
であれば

時代や顧客の変化に合わせたイノベーティブな
「新製品」を創造するといい。

ここはプロセスチャート
になりそうだな

開発部門
であれば

自分の関わる「新商品」を「マーケティング的視点」で
見なおして、「改良点」を提案するといい。

物流部門
であれば

「ロジスティクス」について考えを深めることで、
より「効率的」な「商品」の「物流体制」を思いつくかもしれない。

販売部門
であれば

「売上」を上げて自社に「利益」をもたらすための
「アイデア」を考えて「実行」することができる。

サービス部
門であれば

「購入顧客」の満足度を高めるための「アフターサービス」や
「メンテナンス」の新たな「仕組み」を考えてもいい。

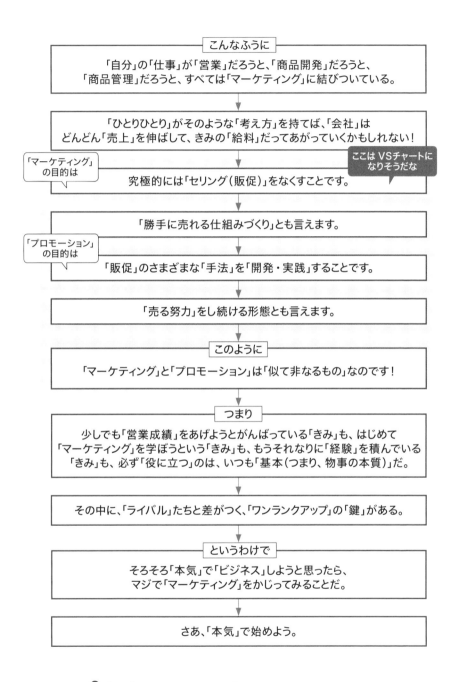

こんなふうに

「自分」の「仕事」が「営業」だろうと、「商品開発」だろうと、
「商品管理」だろうと、すべては「マーケティング」に結びついている。

「ひとりひとり」がそのような「考え方」を持てば、「会社」は
どんどん「売上」を伸ばして、きみの「給料」だってあがっていくかもしれない!

ここは VSチャートに
なりそうだな

「マーケティング」
の目的は

究極的には「セリング(販促)」をなくすことです。

「勝手に売れる仕組みづくり」とも言えます。

「プロモーション」
の目的は

「販促」のさまざまな「手法」を「開発・実践」することです。

「売る努力」をし続ける形態とも言えます。

このように

「マーケティング」と「プロモーション」は「似て非なるもの」なのです!

つまり

少しでも「営業成績」をあげようとがんばっている「きみ」も、はじめて
「マーケティング」を学ぼうという「きみ」も、もうそれなりに「経験」を積んでいる
「きみ」も、必ず「役に立つ」のは、いつも「基本(つまり、物事の本質)」だ。

その中に、「ライバル」たちと差がつく、「ワンランクアップ」の「鍵」がある。

というわけで

そろそろ「本気」で「ビジネス」しようと思ったら、
マジで「マーケティング」をかじってみることだ。

さあ、「本気」で始めよう。

4　各チャートに変換する

　STEP3でチャート候補が見えてきました。そうしたら、今度は実際に、それぞれのチャートに変換していきます。

　センテンスチャートは、セブンチャートの準備段階。
　いよいよ、ここからが本格的なセブンチャート作成です。

training 2　**定義チャート**
training 3　**YES NO チャート**
training 4　**要素チャート**
training 5　**VS チャート**
training 6　**プロセスチャート**
training 7　**ランタンチャート**

　この順番で説明していきます。
　ただ、セブンチャートを作る場合、毎回、このすべてを使わなければいけないというわけではありません。文章によって必要なチャートは違います。しかし、いつどのチャートを使う文章と出会うかわかりません。すべてのチャートをきちんと理解していきましょう。

定義チャート

　言葉の定義を明らかにする「定義チャート」は、上の枠に「意味を明らかにしたい語句」を、下にその「意味」を書き込むだけの極めてシンプルなチャートです。

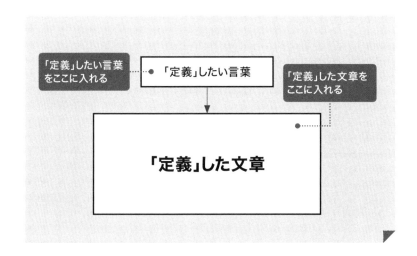

1　センテンスチャートを必要に応じ、さらに分割する

　センテンスチャートの段階では1つの枠に、「意味を明らかにしたい語句」と「意味」の両方が入っているケースがよくあります。これを2つの枠に分割すれば、定義チャートはほぼできあがりです。

　課題文では下の色を敷いた小窓を含んだ1枠が「定義チャート」になりそうです。

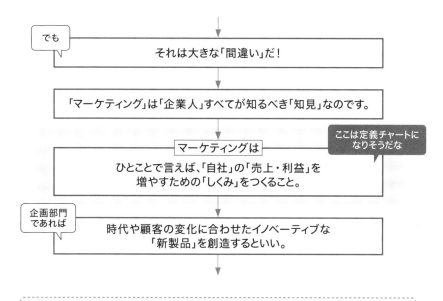

なぜ「定義チャート」になるの？

色を敷いた部分の枠の言葉は、「マーケティング」の意味をひとことで説明しています。

「マーケティングは」という小窓と、「ひとことで言えば」、この2つがポイントです。

　長々とした説明はわかりにくさや誤解の元なので、できるだけシンプルな表現に書き換えるのがベターです。

　また、下の枠線を太くしたり、大きな文字を入れたりして、上の枠とのメリハリをつけるとよいでしょう。

　課題文からは「マーケティング」という言葉を定義しました。

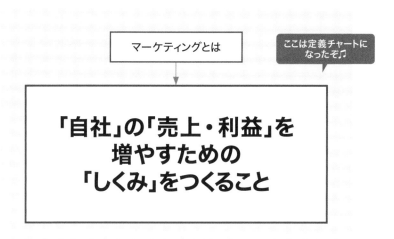

マーケティングとは

ここは定義チャートになったぞ♫

「自社」の「売上・利益」を
増やすための
「しくみ」をつくること

Point

　「〜とは」から始まる文章、あるいはこの形に書き換えられる文章は、「定義チャート」に変換できる

YES NO チャート

　YES NOチャートは、主観的、あるいは客観的に、2つの検討要素を正しいこと（肯定したいこと）、間違っていること（否定したいこと）に明確に分けるチャートです。

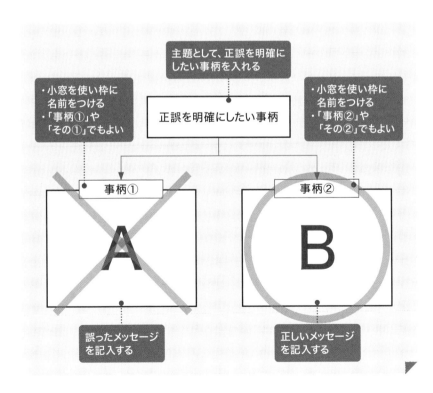

センテンスチャートを「主題」「間違っていること」「正しいこと」に分類する

　筆者がなんの正誤を明らかにしようとしているのかを考えると「主題」が見えてきます。また、**「〜ではない」「〜は間違っている」「でも」**といった表現をヒントに、なにが正しく、なにが間違っているかを判断しましょう。

　分類が終わったら、YES NOチャートの上の枠に「主題」を、誤ったメッセージ（間違っていること・否定したいこと）を下の左枠に、正しいメッセージ（正しいこと・肯定したいこと）を下の右枠に書き込んでください。枠の上の小窓には、それぞれの枠の意味づけを示す言葉を入れます。

　横書きの場合、文章は左から右に流れていくので、実際のチャートを読むときは、NO→YESの順番になりますが、人の印象に残りやすいのは向かって右側です。YES NOチャートにおいて、正しいメッセージ（正しいこと・肯定したいこと）を右側の枠に書き込むルールにしているのにはそういう理由があるのです。

　では、次のページで、実際に課題文を使ってやってみましょう。

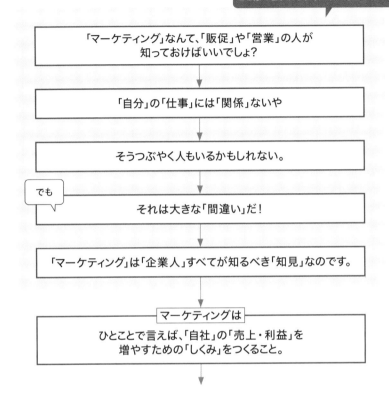

ここは YES NOチャートになりそうだぞ

「マーケティング」なんて、「販促」や「営業」の人が知っておけばいいでしょ?

「自分」の「仕事」には「関係」ないや

そうつぶやく人もいるかもしれない。

でも

それは大きな「間違い」だ!

「マーケティング」は「企業人」すべてが知るべき「知見」なのです。

マーケティングは

ひとことで言えば、「自社」の「売上・利益」を増やすための「しくみ」をつくること。

なぜ「YES NO チャート」になるの?

「でも」「間違い」に注目。この言葉によって前の文が否定されるため、この色を敷いた部分は、「YES NO チャート」になると考えられます。「でも」の前にあるのは誤ったメッセージ、後にあるのは正しいメッセージです。

それでは、センテンスチャートからYES NOチャートにしてみましょう。

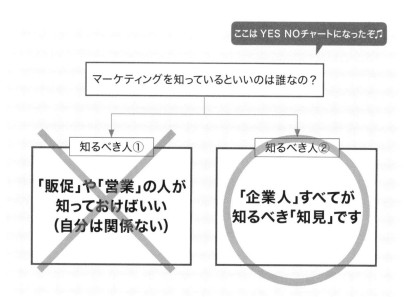

ここは YES NOチャートになったぞ♫

マーケティングを知っているといいのは誰なの？

知るべき人①

「販促」や「営業」の人が
知っておけばいい
（自分は関係ない）

知るべき人②

「企業人」すべてが
知るべき「知見」です

センテンスチャートの文のままではわかりにくい場合は、より理解しやすい文に書き換えましょう。

今回の枠の中の文は、もっとシンプルにできます。次のようにしました。

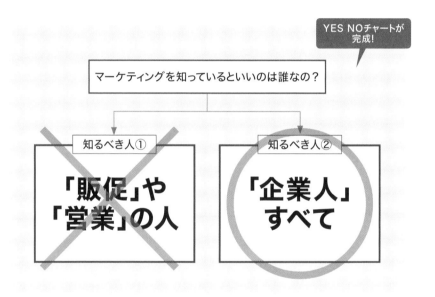

YES NOチャートが
完成！

マーケティングを知っているといいのは誰なの？

知るべき人①

「販促」や
「営業」の人

知るべき人②

「企業人」
すべて

Point

「〜ではなく〜である」と結論づけている文章は、
「YES NO チャート」に変換できる

要素チャート

　並列する要素、なにかを構成する要素を整理するのに役立つのが要素
チャートです。

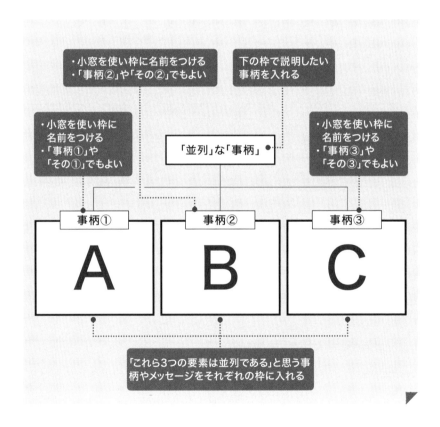

センテンスチャートを「主題」と「要素」に分類する

　筆者がなんの要素を取り上げようとしているかを考えれば「主題」と
する「並列」な「事柄」が見えてきます。そして主題に対する複数の答
えが見つかったら、それを「要素」の枠に書き込んでいきましょう（左
のA、B、Cです）。枠の上の小窓には、それぞれの枠の意味づけを示す
言葉を入れます。

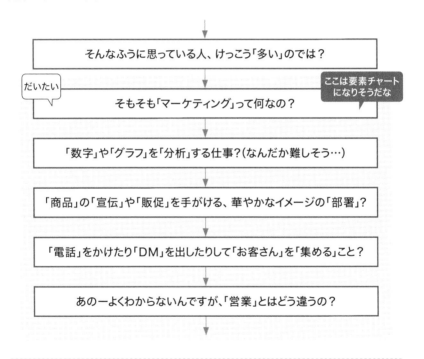

そんなふうに思っている人、けっこう「多い」のでは？

だいたい

ここは要素チャート
になりそうだな

そもそも「マーケティング」って何なの？

「数字」や「グラフ」を「分析」する仕事？(なんだか難しそう…)

「商品」の「宣伝」や「販促」を手がける、華やかなイメージの「部署」？

「電話」をかけたり「DM」を出したりして「お客さん」を「集める」こと？

あのーよくわからないんですが、「営業」とはどう違うの？

なぜ「要素チャート」になるの？

この部分では、マーケティングに対するいろいろな人のイメージが羅列
されています。そのため、「要素チャート」を使うことができます。

それでは、センテンスチャートから要素チャートにしてみましょう。

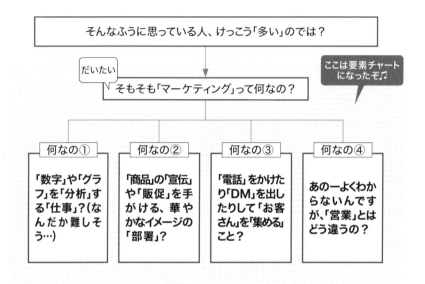

センテンスチャートの文のままではわかりにくい場合は、より理解し
やすい文に書き換えましょう。

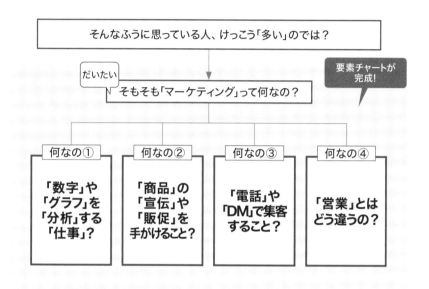

そんなふうに思っている人、けっこう「多い」のでは？

だいたい

そもそも「マーケティング」って何なの？

要素チャートが
完成！

何なの①

「数字」や
「グラフ」を
「分析」する
「仕事」？

何なの②

「商品」の
「宣伝」や
「販促」を
手がけること？

何なの③

「電話」や
「DM」で集客
すること？

何なの④

「営業」とは
どう違うの？

Point

主題に関わる要素が羅列されている場合は
「要素チャート」に変換できる

VS チャート

2つの事柄を平等に比較したり、対立する概念を示すことができるのがVSチャートです。

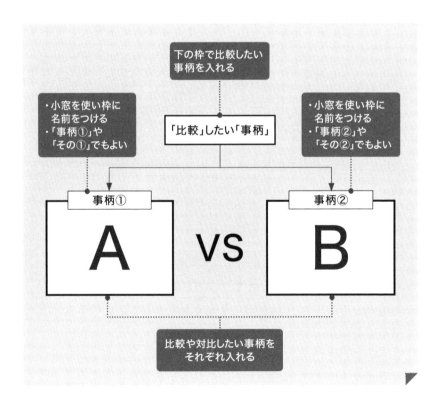

下の枠で比較したい
事柄を入れる

・小窓を使い枠に
名前をつける
・「事柄①」や
「その①」でもよい

「比較」したい「事柄」

・小窓を使い枠に
名前をつける
・「事柄②」や
「その②」でもよい

事柄①

A VS **B**

事柄②

比較や対比したい事柄を
それぞれ入れる

センテンスチャートを「主題」と「比較する2つの事柄」に分類する

　筆者がどういうテーマにおいて比較を図ろうとしているのかを考え、「主題」を明らかにし、VSチャートの上の枠(左図の「比較」したい「事柄」)に書き込みます。また、「なに」と「なに」が「違う」と結論づけているのかを読み取り、1つずつ、下の枠に書き込みましょう。枠の上の小窓には、それぞれの枠の意味づけを示す言葉を入れます。

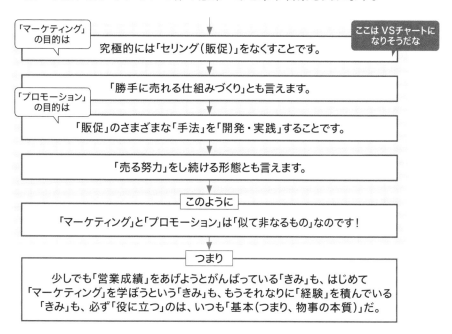

「マーケティング」の目的は

究極的には「セリング(販促)」をなくすことです。

ここはVSチャートになりそうだな

「プロモーション」の目的は

「勝手に売れる仕組みづくり」とも言えます。

「販促」のさまざまな「手法」を「開発・実践」することです。

「売る努力」をし続ける形態とも言えます。

このように

「マーケティング」と「プロモーション」は「似て非なるもの」なのです!

つまり

少しでも「営業成績」をあげようとがんばっている「きみ」も、はじめて「マーケティング」を学ぼうという「きみ」も、もうそれなりに「経験」を積んでいる「きみ」も、必ず「役に立つ」のは、いつも「基本(つまり、物事の本質)」だ。

なぜ「VSチャート」になるの?

2つの吹き出しに注目しましょう。同じ目的を表すことから、この2つが比較する対象だとわかります。

それでは、センテンスチャートからVSチャートにしてみましょう。

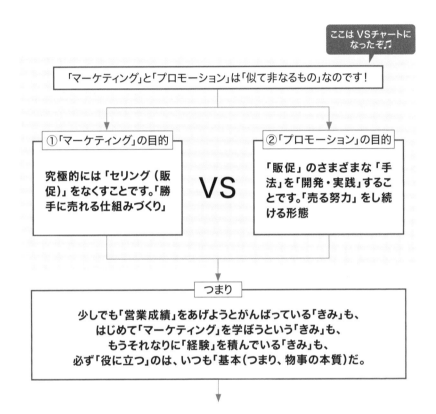

枠の中をわかりやすい表現に書き換える

枠の中をより理解しやすい文に書き換えましょう。小窓や吹き出しを使って整理するのもおすすめです。

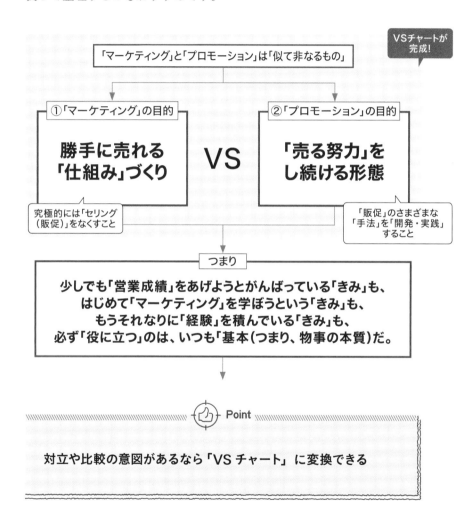

VSチャートが完成!

「マーケティング」と「プロモーション」は「似て非なるもの」

①「マーケティング」の目的

勝手に売れる「仕組み」づくり

VS

②「プロモーション」の目的

「売る努力」をし続ける形態

究極的には「セリング（販促）」をなくすこと

「販促」のさまざまな「手法」を「開発・実践」すること

つまり

少しでも「営業成績」をあげようとがんばっている「きみ」も、
はじめて「マーケティング」を学ぼうという「きみ」も、
もうそれなりに「経験」を積んでいる「きみ」も、
必ず「役に立つ」のは、いつも「基本（つまり、物事の本質）」だ。

👍 Point

対立や比較の意図があるなら「VS チャート」に変換できる

プロセスチャート

プロセスチャートは時系列や論理の流れを表すのに役立つチャートです。

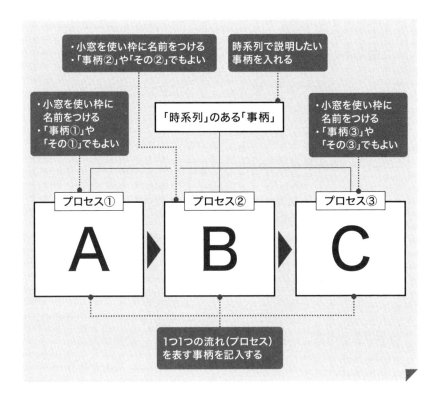

筆者がなにをテーマに順を追って説明しようとしているのかを考え、その「主題」をプロセスチャートでは上の枠に書き込みます。また、それぞれの事柄は時系列や論理の流れに沿って、左の枠から順に書き込んでいきましょう。枠の上の小窓には、それぞれの枠の意味づけを示す言葉を入れます。

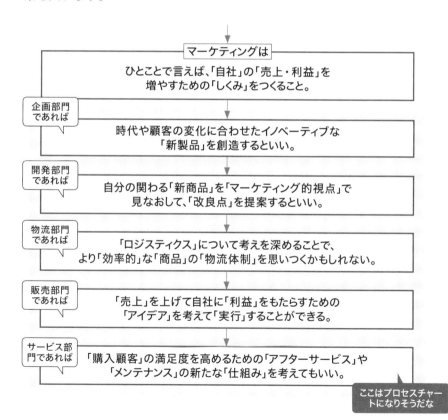

マーケティングは

ひとことで言えば、「自社」の「売上・利益」を
増やすための「しくみ」をつくること。

企画部門
であれば

時代や顧客の変化に合わせたイノベーティブな
「新製品」を創造するといい。

開発部門
であれば

自分の関わる「新商品」を「マーケティング的視点」で
見なおして、「改良点」を提案するといい。

物流部門
であれば

「ロジスティクス」について考えを深めることで、
より「効率的」な「商品」の「物流体制」を思いつくかもしれない。

販売部門
であれば

「売上」を上げて自社に「利益」をもたらすための
「アイデア」を考えて「実行」することができる。

サービス部
門であれば

「購入顧客」の満足度を高めるための「アフターサービス」や
「メンテナンス」の新たな「仕組み」を考えてもいい。

ここはプロセスチャートになりそうだな

吹き出しの各部門に注目しましょう。これは、自社商品ができ上がり、流通するまでの流れを表しています。そのため、プロセスチャートになります。要素チャートと迷うかもしれませんが、並列ではなく、こうした流れがある場合はプロセスチャートになります。

それではセンテンスチャートからプロセスチャートにしてみましょう。

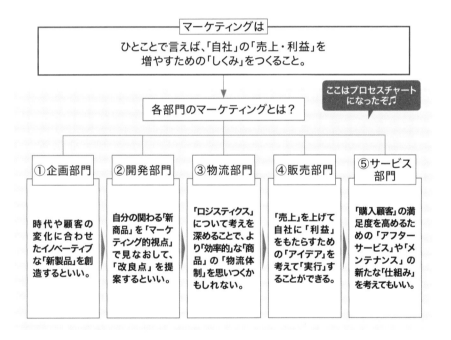

枠の中をわかりやすい表現に書き換える

　枠の中をより理解しやすい文に書き換えましょう。ここでは、各部門の説明をシンプルにしました。

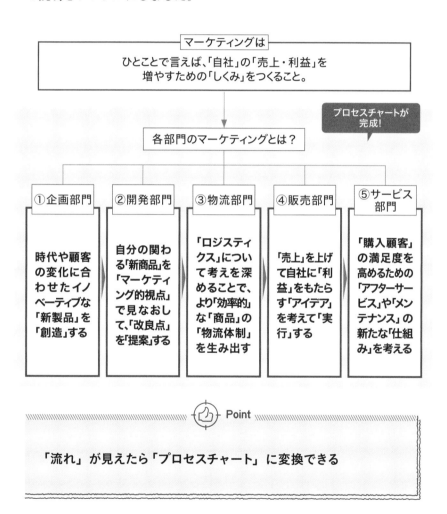

```
┌─────────────────────────────┐
│        マーケティングは       │
│ ひとことで言えば、「自社」の「売上・利益」を │
│   増やすための「しくみ」をつくること。   │
└─────────────────────────────┘
```

プロセスチャートが
完成!

各部門のマーケティングとは？

①企画部門	②開発部門	③物流部門	④販売部門	⑤サービス部門
時代や顧客の変化に合わせたイノベーティブな「新製品」を「創造」する	自分の関わる「新商品」を「マーケティング的視点」で見なおして、「改良点」を「提案」する	「ロジスティクス」について考えを深めることで、より「効率的」な「商品」の「物流体制」を生み出す	「売上」を上げて自社に「利益」をもたらす「アイデア」を考えて「実行」する	「購入顧客」の満足度を高めるための「アフターサービス」や「メンテナンス」の新たな「仕組み」を考える

👍 Point

「流れ」が見えたら「プロセスチャート」に変換できる

ランタンチャート

　センテンスチャート、定義チャート、YES NO チャート、要素チャート、VS チャート、プロセスチャートを必要に応じ組み合わせたものがランタンチャートです。

　以下はあくまでも一例なので、状況に応じてさまざまな形に変化させることができます。

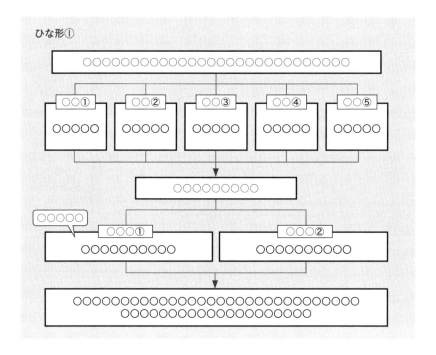

ひな形②

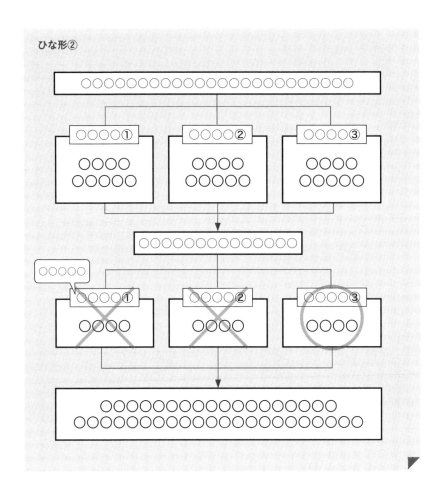

　ここまでで作ったチャートを組み合わせて、課題文がどのようになったか、次のページを見てください。

チャートとチャートを組み合わせる。チャートとチャートの間は、ブリッジとしてセンテンスチャートをそのまま残す

課題文は、最終的に次のようなランタンチャートになりました。

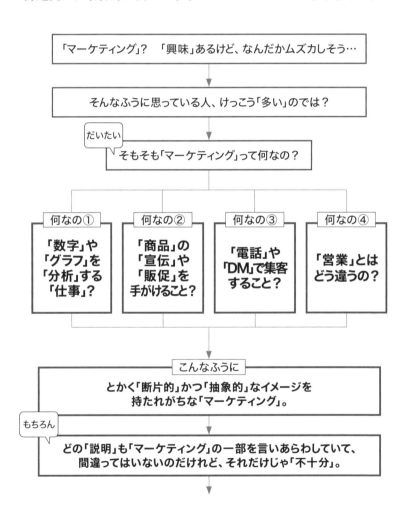

マーケティングを知っているといいのは誰なの？

知るべき人①
「販促」や「営業」の人

知るべき人②
「企業人」すべて

マーケティングとは

「自社」の「売上・利益」を増やすための「しくみ」をつくること

各部門のマーケティングとは？

①企画部門
時代や顧客の変化に合わせたイノベーティブな「新製品」を「創造」する

②開発部門
自分の関わる「新商品」を「マーケティング的視点」で見なおして、「改良点」を「提案」する

③物流部門
「ロジスティクス」について考えを深めることで、より「効率的」な「商品」の「物流体制」を生み出す

④販売部門
「売上」を上げて自社に「利益」をもたらす「アイデア」を考えて「実行」する

⑤サービス部門
「購入顧客」の満足度を高めるための「アフターサービス」や「メンテナンス」の新たな「仕組み」を考える

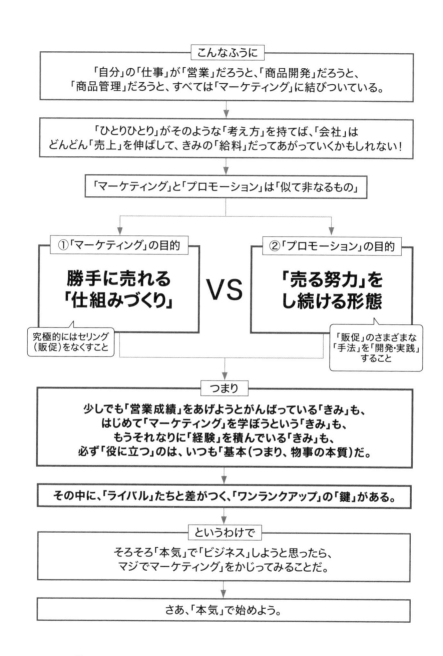

こんなふうに

「自分」の「仕事」が「営業」だろうと、「商品開発」だろうと、
「商品管理」だろうと、すべては「マーケティング」に結びついている。

「ひとりひとり」がそのような「考え方」を持てば、「会社」は
どんどん「売上」を伸ばして、きみの「給料」だってあがっていくかもしれない!

「マーケティング」と「プロモーション」は「似て非なるもの」

① 「マーケティング」の目的

勝手に売れる「仕組みづくり」

VS

② 「プロモーション」の目的

「売る努力」をし続ける形態

究極的にはセリング（販促）をなくすこと

「販促」のさまざまな「手法」を「開発・実践」すること

つまり

少しでも「営業成績」をあげようとがんばっている「きみ」も、
はじめて「マーケティング」を学ぼうという「きみ」も、
もうそれなりに「経験」を積んでいる「きみ」も、
必ず「役に立つ」のは、いつも「基本（つまり、物事の本質）」だ。

その中に、「ライバル」たちと差がつく、「ワンランクアップ」の「鍵」がある。

というわけで

そろそろ「本気」で「ビジネス」しようと思ったら、
マジでマーケティング」をかじってみることだ。

さあ、「本気」で始めよう。

いかがでしたか？

　文章をセブンチャートで要約する方法は、なんとなくでも理解できましたでしょうか。

　なにごとも「習うより慣れろ」です。

　これから「練習問題」で、文章を要約してあなた独自のセブンチャートを作ってみましょう。
　練習問題のあとに、私が作った「チャート例」を載せておきました。

　どのチャートを使うといいのか、吹き出しや小窓の使い方など、参考になるのではないかと思います。
　でも、見るだけじゃなく、必ずあなたなりにチャート化してみてください。手を動かして、自分で作ってこそ身につくのです。
　正解はありません。
　パッと見てわかりやすくなればいいのです。

　ではやってみましょう。

練習問題START

　これから、「ビジネス書」から引用した文章を、チャートで要約するという練習を行います。

　すでにわかりやすく書かれている書籍の文章は、構造化(チャート化)に非常に適しています。

　この練習を繰り返し、チャート化するとはどういうことかを身につけることができれば、あなたは構造的に物事を考えられるようになるでしょう。そして、チャートを使ってそれを人々に伝えられるようになるのです。

　ここでの練習は、そのための第1歩。練習問題は3つですが、あなたが読んでいる本などを使って、さらに練習を重ねてほしいと思います。

theme	KFS

　次は、「市場で勝つためのKFSは何か？」っていうところを考えます。「KFS」についてはあとで詳しく説明しますが、要は、この魅力的な市場で勝つためのポイントです。勝つためのポイントを整理したあとに、自社と競合を比較して、競合はどんな強みを持っているのか、それに対して、自社はどんな強みがあるのか検証していくという流れです。

　最終的には、自社はどのような強みを武器に、この市場でどの程度勝てる見込みがあるのかということを明らかにすることがここでの目的であると考えてください。

　では、「KFS」とは何ぞや？　というところから説明します。

　KFSは、「Key Factor for Success」の略で、「その市場を攻略するにあたって、いちばんのキモとなり得るポイント」のことです。つまり、この事業をやっていくときに、何をいちばん重視したらいいのかを特定するということですね。成功するための要因とも言えます。

出典：『はじめての事業計画のつくり方』吉本貴志・伊藤公健 共著、ディスカヴァー・トゥエンティワン

例1

　練習問題をほとんどそのまま、ランタンチャートにしたのが下の図です。文章の内容が一目で入ってきます。

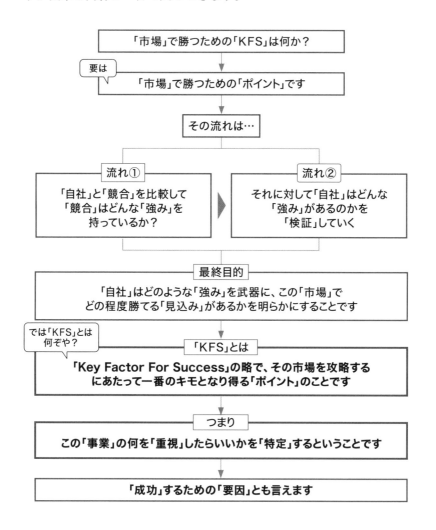

「市場」で勝つための「KFS」は何か？

要は

「市場」で勝つための「ポイント」です

その流れは…

流れ①

「自社」と「競合」を比較して「競合」はどんな「強み」を持っているか？

流れ②

それに対して「自社」はどんな「強み」があるのかを「検証」していく

最終目的

「自社」はどのような「強み」を武器に、この「市場」でどの程度勝てる「見込み」があるかを明らかにすることです

では「KFS」とは何ぞや？

「KFS」とは

「Key Factor For Success」の略で、その市場を攻略するにあたって一番のキモとなり得る「ポイント」のことです

つまり

この「事業」の何を「重視」したらいいかを「特定」するということです

「成功」するための「要因」とも言えます

枠の中をシンプルにし、最後の文章は蛇足のように感じたため削除。
「KFSとは何ぞや」をセンテンスチャートにすることで、より見やすく
なりました。

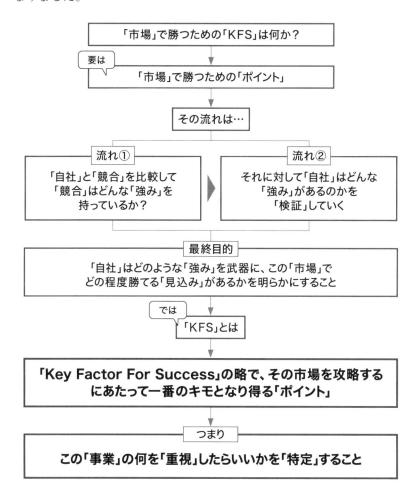

「市場」で勝つための「KFS」は何か?

要は

「市場」で勝つための「ポイント」

その流れは…

流れ①
「自社」と「競合」を比較して
「競合」はどんな「強み」を
持っているか?

流れ②
それに対して「自社」はどんな
「強み」があるのかを
「検証」していく

最終目的
「自社」はどのような「強み」を武器に、この「市場」で
どの程度勝てる「見込み」があるかを明らかにすること

では

「KFS」とは

「Key Factor For Success」の略で、その市場を攻略する
にあたって一番のキモとなり得る「ポイント」

つまり

この「事業」の何を「重視」したらいいかを「特定」すること

あなたならどう作りますか？

| theme | ミッション |

「ミッション」とは、端的に言うと「目指す姿や提供する価値を定義したもの」です。

どんなことを目指して、どんな価値を提供するのかを明確にすることだと思ってください。日本語に訳すと「理念」とか「使命」とか、いろいろありますが、その違いを議論しても進まないので、ここではミッションをこう定義しておきます。

ミッションが重要な理由は2つあります。

1つは、事業として売上・利益を得ることを目指すのは当然ですが、目指すべき姿がないと、事業を遂行する上での判断軸が定まらず、迷走してしまう可能性が高いということ。（中略）

もう1つは、目指すべき姿が明確になっていると、チームのメンバーが同じ志向性を持って活動できるため、効果的・効率的な進め方ができるということ。

出典：『はじめての事業計画のつくり方』吉本貴志・伊藤公健 共著、ディスカヴァー・トゥエンティワン

例2

　練習問題をほとんどそのまま、ランタンチャートにしたのが下の図です。文章の内容が一目で入ってきます。

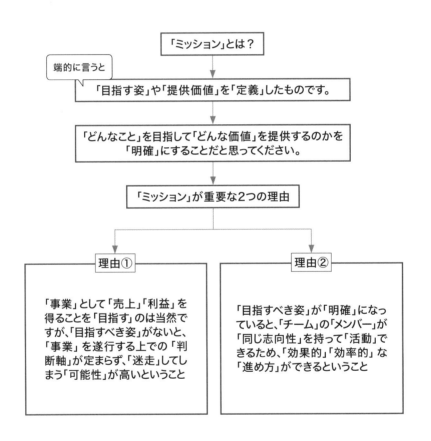

「ミッション」とは？

端的に言うと

「目指す姿」や「提供価値」を「定義」したものです。

「どんなこと」を目指して「どんな価値」を提供するのかを「明確」にすることだと思ってください。

「ミッション」が重要な2つの理由

理由①

「事業」として「売上」「利益」を得ることを「目指す」のは当然ですが、「目指すべき姿」がないと、「事業」を遂行する上での「判断軸」が定まらず、「迷走」してしまう「可能性」が高いということ

理由②

「目指すべき姿」が「明確」になっていると、「チーム」の「メンバー」が「同じ志向性」を持って「活動」できるため、「効果的」「効率的」な「進め方」ができるということ

理由①②のアタマの重い文章を吹き出しに入れて外に出し、理由として説明したい点だけを大きく、文字も少し太くしました。また、それぞれの枠の文もシンプルにしました。

　こうすることで、理由がより明確になりました。

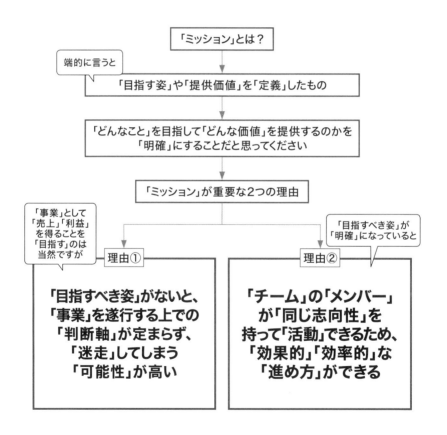

あなたならどう作りますか？

theme	ビジネスモデル

　ビジネスモデルという言葉は非常に一般的ですが、定義はとてもあやふやです。ネットで「ビジネスモデル」と検索すると、いろいろな人がいろいろな定義をしています。

　それらに共通しているところを抽出して、「ビジネスモデルとは儲けを生み出すビジネスの仕組みである」と定義しました。この先の定義はけっこうあいまいなので、いまはこれだけを覚えておいてもらえれば大丈夫です。

　ビジネスモデルを考える４つのステップ（中略）

　①バリューチェーンを理解する（中略）

　②自社が戦う場所を明確にする（中略）

　③外部パートナーとの連携の仕組みを考える（中略）

　④対価を得る仕組みを考える

出典：『はじめての事業計画のつくり方』吉本貴志・伊藤公健 共著、ディスカヴァー・トゥエンティワン

例3

　練習問題をほとんどそのまま、ランタンチャートにしたのが下の図です。文章の内容が一目で入ってきます。

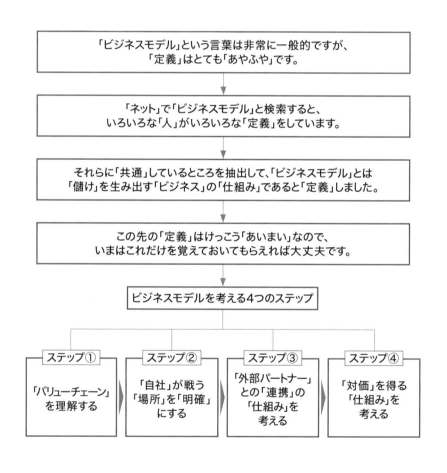

「ビジネスモデル」という言葉は非常に一般的ですが、
「定義」はとても「あやふや」です。

↓

「ネット」で「ビジネスモデル」と検索すると、
いろいろな「人」がいろいろな「定義」をしています。

↓

それらに「共通」しているところを抽出して、「ビジネスモデル」とは
「儲け」を生み出す「ビジネス」の「仕組み」であると「定義」しました。

↓

この先の「定義」はけっこう「あいまい」なので、
いまはこれだけを覚えておいてもらえれば大丈夫です。

↓

ビジネスモデルを考える4つのステップ

ステップ①	ステップ②	ステップ③	ステップ④
「バリューチェーン」を理解する	「自社」が戦う「場所」を「明確」にする	「外部パートナー」との「連携」の「仕組み」を考える	「対価」を得る「仕組み」を考える

3をブラッシュアップ！

　上から3つ目の枠に、「定義しました」とあります。そのためここは定義チャートにしました。

　上から4つ目の枠は、説明の内容の場合蛇足であるため削除しました。

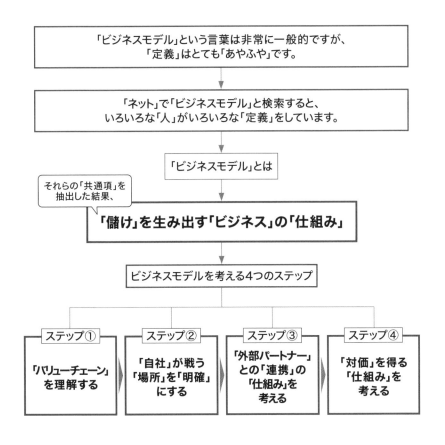

「ビジネスモデル」という言葉は非常に一般的ですが、
「定義」はとても「あやふや」です。

「ネット」で「ビジネスモデル」と検索すると、
いろいろな「人」がいろいろな「定義」をしています。

「ビジネスモデル」とは

それらの「共通項」を
抽出した結果、

「儲け」を生み出す「ビジネス」の「仕組み」

ビジネスモデルを考える4つのステップ

ステップ①
「バリューチェーン」
を理解する

ステップ②
「自社」が戦う
「場所」を「明確」
にする

ステップ③
「外部パートナー」
との「連携」の
「仕組み」を
考える

ステップ④
「対価」を得る
「仕組み」を
考える

あなたならどう作りますか？

思考のアウトプット
トレーニング

なぜ、アウトプットするのか？

　第2章では、「課題文を要約する」という形で、論理の構造を可視化するトレーニングを行いましたが、この章では、あなたの頭の中にある「思考」の論理の構造を、セブンチャートを使って可視化しながらアウトプットするトレーニングを行います。

　要約の場合は、
STEP1　**書体をゴシック体に変換する**
STEP2　**1枠1文としてセンテンスチャートに書き込んでいく**
STEP3　**枠と枠の関係を分析し、変換するチャートの候補を考える**
この3つのステップを踏んだあとに、各チャートを作っていきます。
　特にSTEP3の、「変換するチャートの候補を考える」ことは大きなキモで、これさえクリアできれば、要約チャートは完成したも同然です。

　一方、思考をアウトプットする場合は、次のステップを踏みます。
STEP1　**アウトプットの目的について考える**
STEP2　**どのチャートが使えそうかを考える**
STEP3　**思考をセンテンスチャートに落とし込み、候補のチャートに**
　　　　変換する

つまり、最初に目的を明らかにすることが重要で、目的にあった
チャートを選ぶことで、そもそもの目的を果たす論理の構造化ができる
というわけです。

　これからお話しすることを踏まえ、この章では、それぞれの目的別に
セブンチャートを使い、思考の論旨の構造を可視化するトレーニングを
行っていきましょう。

　ではまず、それぞれのチャートの目的を説明します。定義チャートか
らです。

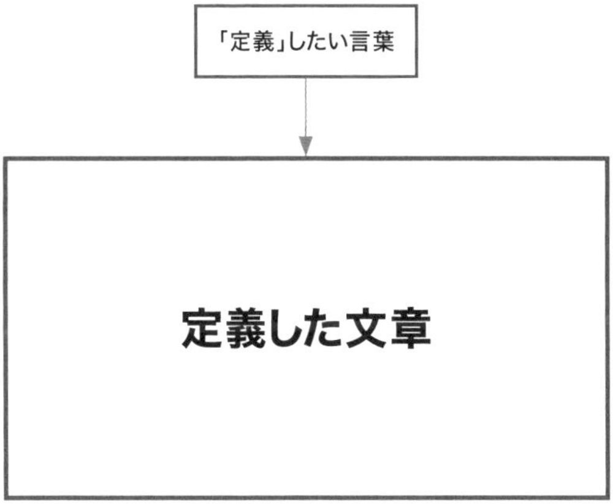

「定義」したい言葉

定義した文章

■言葉の定義を
　明らかにしたい
　≫
　定義チャート

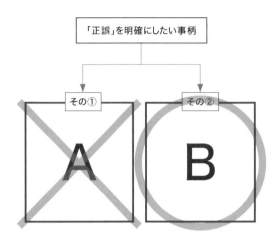

■正しいこと(もの)と
　正しくないこと(もの)を
　明確にして分けたい
■なにかのメリットを
　強調したい
　≫
　YES NOチャート

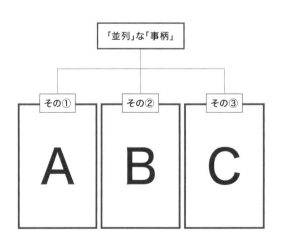

■並列する要素を
　整理したい
■要素やアイデアを
　もれなく洗い出したい
　≫
　要素チャート

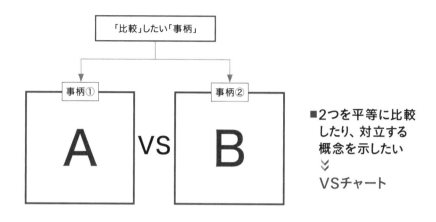

■2つを平等に比較
したり、対立する
概念を示したい
∨
VSチャート

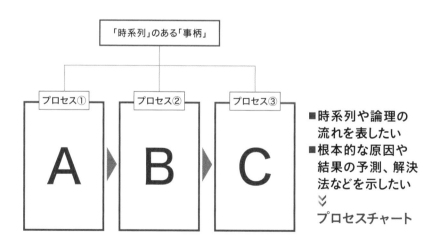

■時系列や論理の
流れを表したい
■根本的な原因や
結果の予測、解決
法などを示したい
∨
プロセスチャート

トレーニングSTART

　これから、それぞれのチャートを使ってアウトプットの練習をしていきましょう。

　ここではすでに、90ページで記した「アウトプットする場合のステップ」の1と2は完了しています。そのため、3の作業をさらに3つのステップで説明します。

　例はあくまでも参考であり、これが唯一の正解ではありません。自分の思いを伝えるにはどうすればいいか、どのように見せればわかってもらえるか。例を見ながら考えてみてください。

　先の章で身につけたチャートの作り方の基本を踏まえて、より実践的なチャート化思考を始めましょう。

言葉の定義を明らかにしたい
定義チャート

≫目的

「ブランド構築」という言葉の認識を一致させたい

≫思考（例）

ブランド構築とは、ひとことで言うと製品やサービスの代名詞になることです。

STEP
1 思考をセンテンスチャートにする

　頭に浮かぶまま文章を書き、それをセンテンスチャートにします。パソコンに打ち込む際は必ずゴシック体を使います。

「ブランド構築」とは、ひとことで言うと「製品」や
「サービス」の「代名詞」になることです。

---

2 定義チャートにする

　「意味を明らかにしたい語句」と「意味」に分け、定義チャートのそれぞれの枠に書き込みます。

```
                    ┌─────────────────┐
                    │  「ブランド」構築とは  │
                    └─────────────────┘
                             │
                             ▼
    ┌──────────────────────────────────────┐
    │    ひとことで言うと、「製品」や「サービス」の    │
    │        「代名詞」になることです。           │
    └──────────────────────────────────────┘
```

　これで完成です。

　ただ、余力のある方や慣れてきた方は、よりわかりやすく表現できないか、考えてみましょう。

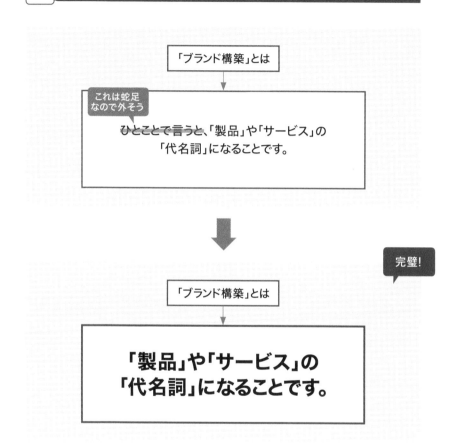

「ブランド構築」とは

これは蛇足
なので外そう

ひとことで言うと、「製品」や「サービス」の
「代名詞」になることです。

完璧!

「ブランド構築」とは

「製品」や「サービス」の
「代名詞」になることです。

なにかのメリットを強調したい
YES NO チャート

》目的

運動より食事制限のほうがダイエットには効果的であることを伝えたい

》思考(例)

ダイエットで350kcalを節制したいとします。

その効果的な方法は2時間かけて8キロのウォーキングではなく、

うどん1杯我慢することですね。

毎日続けることができるのは食事制限ですものね。

STEP
1 思考をセンテンスチャートにする

　頭に浮かぶまま文章を書き、それをセンテンスチャートにします。

　センテンスチャートにしただけで、不要な文章がわかることもあります。

```
┌─────────────────────────────────────────┐
│  「ダイエット」で「350kcal」を節制したいとします。  │
└─────────────────────────────────────────┘
                    ↓
┌─────────────────────────────────────────┐
│  その「効果的」な「方法」は「2時間」かけて「8キロ」の  │
│  「ウォーキング」ではなく、「うどん」1杯我慢することですね。 │
└─────────────────────────────────────────┘
                    ↓
┌─────────────────────────────────────────┐
│  「毎日」続けることができるのは食事制限ですものね。  │
└─────────────────────────────────────────┘
```

これは「蛇足」だから
外してしまおう

STEP
2　YES NO チャートにする

　「主題」「間違っていること」「正しいこと」、場合によっては「不要な部分」に分類し、YES NO チャートのそれぞれの枠に書き込みます。

　不要と考える部分は思いきって削除するほうが、ポイントがブレることなく伝わります。見やすさを考えると、吹き出しにしたほうがよい言葉もあるでしょう。

　「パッと見てわかる」を意識してチャートを作りましょう。

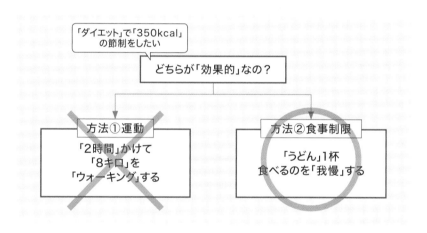

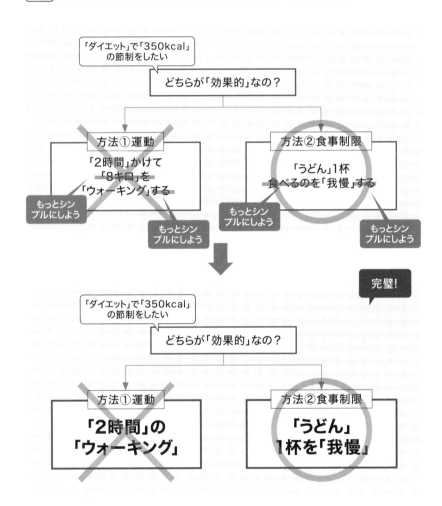

要素を整理したい
要素チャート

>>**目的**

自分が映画を好きな理由をわかりやすくたくさん述べたい

>>**思考（例）**

どうして自分は映画が好きなのかをつらつら考えてみると、その理由が
いくつか思い浮かんできた。

まず観て感動して涙を流すことで感情のデトックスができる。

また脚本がビジネスのヒントになったり、人間の業を感じることができ
る。そして楽しみながらさまざまな業界の内幕を知ることができるのも
魅力である。

1 思考をセンテンスチャートにする

　頭に浮かぶまま文章を書き、それをセンテンスチャートに入れます。

　すべてのチャートを作るときに言えることですが、この段階でも、不要と思われる言葉は外してしまってかまいません。また、ここでは吹き出しも多様して、より見やすく整理しています。

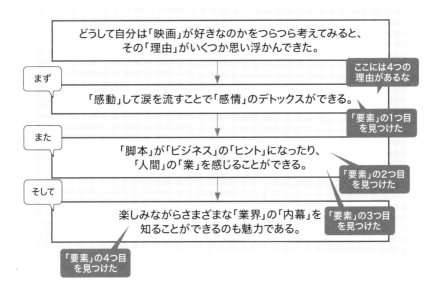

「主題」と「要素」に分類し、要素チャートのそれぞれの枠に書き込む。

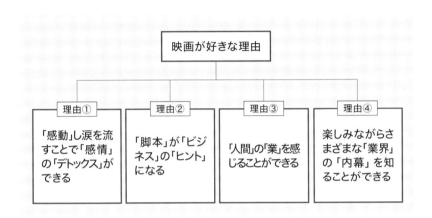

映画が好きな理由

理由①	理由②	理由③	理由④
「感動」し涙を流すことで「感情」の「デトックス」ができる	「脚本」が「ビジネス」の「ヒント」になる	「人間」の「業」を感じることができる	楽しみながらさまざまな「業界」の「内幕」を知ることができる

STEP 3　枠の中をわかりやすい表現に書き換える

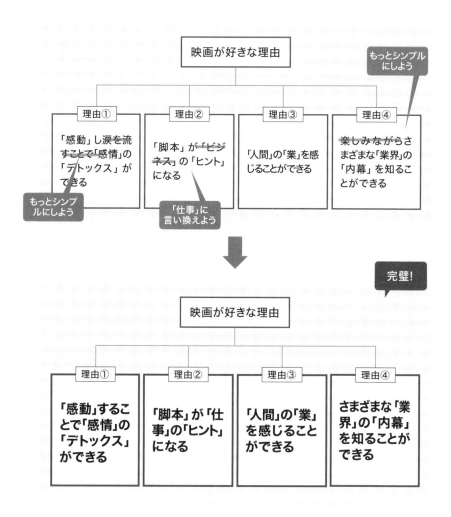

2つの要素を比較検討したい
VS チャート

>>**目的**

在宅勤務と出社勤務を比較したい

>>**思考(例)**

在宅勤務と出社勤務、この2つの勤務形態はどう違うのか。

在宅勤務のメリットは通勤時間がゼロで効率がよいことは言うまでもない。また仕事に邪魔が入らず集中できる。

出社勤務では社員同士のコミュニケーションが円滑であるし、リアルな面談だから意思決定のスピードが速い。

半面、在宅勤務では運動不足になりそうだし、気分のオンオフの切り替えも難しそうだ。また同僚とのコミュニケーションも希薄になる。出社勤務だと子育てや介護など、家庭に何らかの事情がある時期には出社が難しい場合も出てくる。

通勤時間という大きな無駄も存在する。企業の立場にたてば、オフィスコストがかかることも大きい。

1 　思考をセンテンスチャートにする

頭に浮かぶまま文章を書き、それをセンテンスチャートにします。

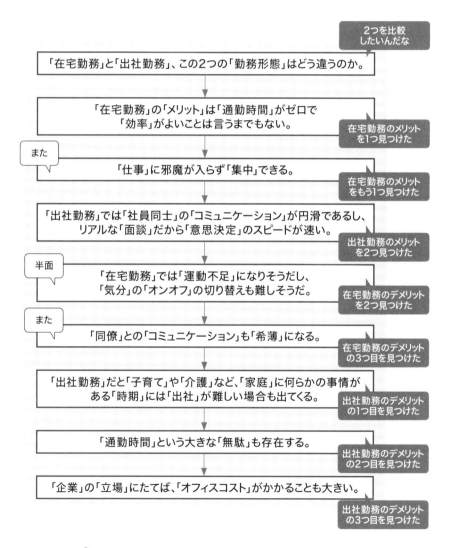

2つを比較したいんだな

「在宅勤務」と「出社勤務」、この2つの「勤務形態」はどう違うのか。

「在宅勤務」の「メリット」は「通勤時間」がゼロで「効率」がよいことは言うまでもない。

在宅勤務のメリットを1つ見つけた

また

「仕事」に邪魔が入らず「集中」できる。

在宅勤務のメリットをもう1つ見つけた

「出社勤務」では「社員同士」の「コミュニケーション」が円滑であるし、リアルな「面談」だから「意思決定」のスピードが速い。

出社勤務のメリットを2つ見つけた

半面

「在宅勤務」では「運動不足」になりそうだし、「気分」の「オンオフ」の切り替えも難しそうだ。

在宅勤務のデメリットを2つ見つけた

また

「同僚」との「コミュニケーション」も「希薄」になる。

在宅勤務のデメリットの3つ目を見つけた

「出社勤務」だと「子育て」や「介護」など、「家庭」に何らかの事情がある「時期」には「出社」が難しい場合も出てくる。

出社勤務のデメリットの1つ目を見つけた

「通勤時間」という大きな「無駄」も存在する。

出社勤務のデメリットの2つ目を見つけた

「企業」の「立場」にたてば、「オフィスコスト」がかかることも大きい。

出社勤務のデメリットの3つ目を見つけた

「主題」と「比較する2つの事柄」に分類し、VSチャートのそれぞれの枠に書き込みます。

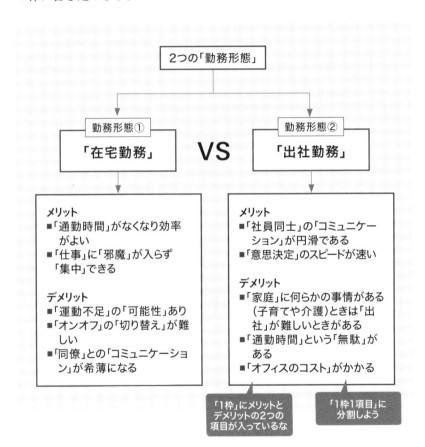

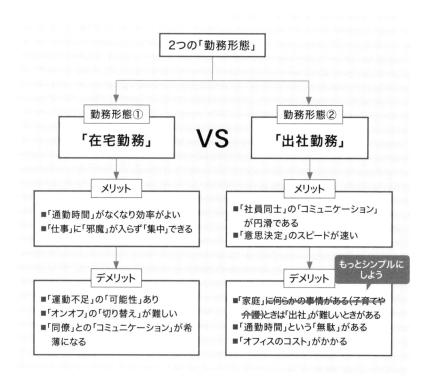

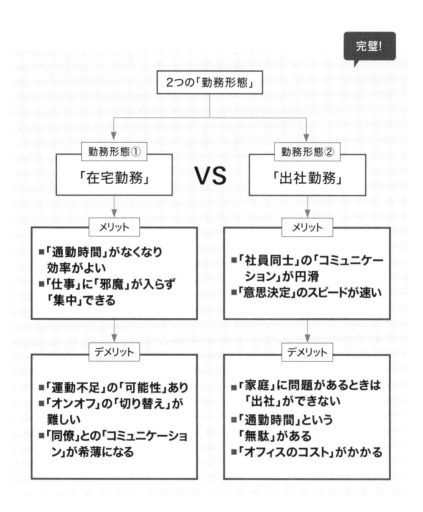

完璧!

2つの「勤務形態」

勤務形態①
「在宅勤務」

VS

勤務形態②
「出社勤務」

メリット
- ■「通勤時間」がなくなり効率がよい
- ■「仕事」に「邪魔」が入らず「集中」できる

メリット
- ■「社員同士」の「コミュニケーション」が円滑
- ■「意思決定」のスピードが速い

デメリット
- ■「運動不足」の「可能性」あり
- ■「オンオフ」の「切り替え」が難しい
- ■「同僚」との「コミュニケーション」が希薄になる

デメリット
- ■「家庭」に問題があるときは「出社」ができない
- ■「通勤時間」という「無駄」がある
- ■「オフィスのコスト」がかかる

時系列や論理の流れを表したい
プロセスチャート

≫目的

映画のあらすじを伝えたい

≫思考(例)

この間観た北欧映画のあらすじはこうだった。

とある「悩み相談室」の担当者が悩み相談電話を受けた。それは夫から虐待される子供を抱え、助けを求める母親からの悲痛な叫びだった。担当者はその「助け」に耳を傾け「対処」の方法を一生懸命に考えた。しかし、幾度となくかかってくる電話のやり取りからこの母親の狂気に気づいた。真実は夫から子供を取り上げて子供を虐待する母親の悪魔の所業だったのだ。

頭に浮かぶまま文章を書き、それをセンテンスチャートにします。

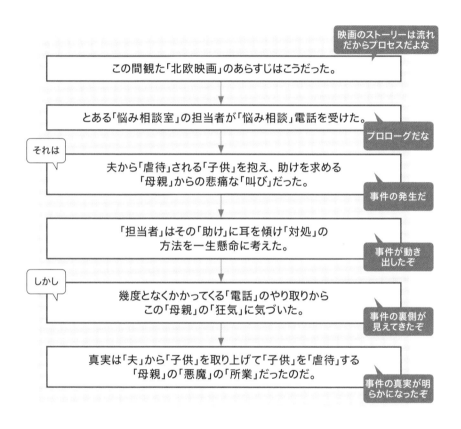

映画のストーリーは流れ
だからプロセスだよな

この間観た「北欧映画」のあらすじはこうだった。

とある「悩み相談室」の担当者が「悩み相談」電話を受けた。

プロローグだな

それは

夫から「虐待」される「子供」を抱え、助けを求める
「母親」からの悲痛な「叫び」だった。

事件の発生だ

「担当者」はその「助け」に耳を傾け「対処」の
方法を一生懸命に考えた。

事件が動き
出したぞ

しかし

幾度となくかかってくる「電話」のやり取りから
この「母親」の「狂気」に気づいた。

事件の裏側が
見えてきたぞ

真実は「夫」から「子供」を取り上げて「子供」を「虐待」する
「母親」の「悪魔」の「所業」だったのだ。

事件の真実が明
らかになったぞ

プロセスチャートにする

　「主題」と「時系列での説明」もしくは「論理の流れ」に分類し、プロセスチャートのそれぞれの枠に書き込みます。

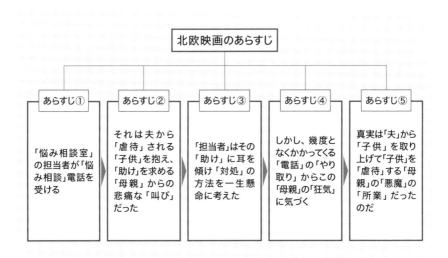

北欧映画のあらすじ

あらすじ①	あらすじ②	あらすじ③	あらすじ④	あらすじ⑤
「悩み相談室」の担当者が「悩み相談」電話を受ける	それは夫から「虐待」される「子供」を抱え、「助け」を求める「母親」からの悲痛な「叫び」だった	「担当者」はその「助け」に耳を傾け「対処」の方法を一生懸命に考えた	しかし、幾度となくかかってくる「電話」の「やり取り」からこの「母親」の「狂気」に気づく	真実は「夫」から「子供」を取り上げて「子供」を「虐待」する「母親」の「悪魔」の「所業」だったのだ

枠の中をわかりやすい表現に書き換える

　文章をシンプルにし、大事な部分の文字を太くすることで、右ページの下のように、わかりやすくなりました。

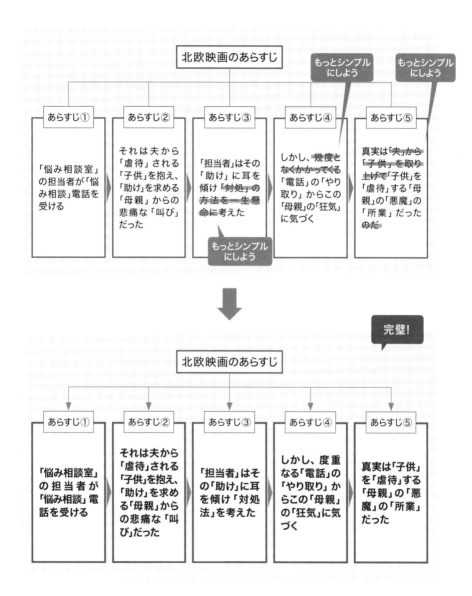

北欧映画のあらすじ

もっとシンプルにしよう

あらすじ①
「悩み相談室」の担当者が「悩み相談」電話を受ける

あらすじ②
それは夫から「虐待」される「子供」を抱え、「助け」を求める「母親」からの悲痛な「叫び」だった

あらすじ③
「担当者」はその「助け」に耳を傾け「対処」の方法を一生懸命に考えた

もっとシンプルにしよう

あらすじ④
しかし、幾度となくかかってくる「電話」の「やり取り」からこの「母親」の「狂気」に気づく

もっとシンプルにしよう

あらすじ⑤
真実は「夫」から「子供」を取り上げで「子供」を「虐待」する「母親」の「悪魔」の「所業」だったのだ

完璧！

北欧映画のあらすじ

あらすじ①
「悩み相談室」の担当者が「悩み相談」電話を受ける

あらすじ②
それは夫から「虐待」される「子供」を抱え、「助け」を求める「母親」からの悲痛な「叫び」だった

あらすじ③
「担当者」はその「助け」に耳を傾け「対処法」を考えた

あらすじ④
しかし、度重なる「電話」の「やり取り」からこの「母親」の「狂気」に気づく

あらすじ⑤
真実は「子供」を「虐待」する「母親」の「悪魔」の「所業」だった

以上でセブンチャートのトレーニングはおしまいです。

ランタンチャートは、この5つを組み合わせることで作れますから、ここでは取り上げませんでした。

次の章では実践編として、「相手にYESと言わせるための資料作り」の実例をご紹介していきます。

「君の提案書、なんでこんなに
見やすいんだ?」

実践! YES と
言わせる資料作り

頭の中を可視化する

　相手を納得させる資料を作成するには、「どうやって相手を納得させるか」という「作戦」が必要です。

　ただ、その作戦作りというのは思いのほか難しく、だからこそ、多くの人が、なにからどう始めてよいのかわからないと、とまどってしまうのです。

　そこで私がおすすめするのは、まずはとにかく頭の中にあることを文章で書いてみることです。そして、その文章をチャートにするのです。文章にするだけでも、自分が思っていることがある程度可視化されます。その上でチャートにすると、自分の思考の論理の構造が見えやすくなり、どういう流れで納得させるかという作戦のヒントが見えてくるのらです。

　私が「YESと言わせる」と言っているのは、こうした理由からです。

　では、いくつかの例で、その具体的な作成方法を説明しましょう。

example **1**

会社の決裁システムの改善を
会社に提案するための資料作成

思考を文章化する

　頭の中で考えていることを文章にしてみます。ここでは、下記の例を使います。

　自社の決裁システムはあまりに時間のかかりすぎである。

　何かアイデアを思いつくとまずは会社規定の起案書のフォームを総務のファイルから探す。それを使い起案書を作り、上司に承諾をもらう。

　次に稟議書のフォームに落とし込み、部門会議でのプレゼン、役員会、社長決裁と旧態依然としたボトムアップの手順を踏まなければならない。

　また承認印は今でもリアルなハンコが必須である。

　しかも上司や社長の出張が続くと次回持越しとなる。

　これでは時代の変化についていけるはずはない。

　この原因は、旧態依然としたボトムアップの決裁システムと思う。

　意思決定システムに、ある規模から下は中間管理職に委任するなりの権限移譲制度がうちには必要である。

2 センテンスチャートに起こし、論理の構造を整理していく

　文章をセンテンスチャートに起こしたあと、枠と枠との関係などをヒントに、なにを、どう伝えたいかを思考していきます。

（例）会社の決裁システムの改善を提案

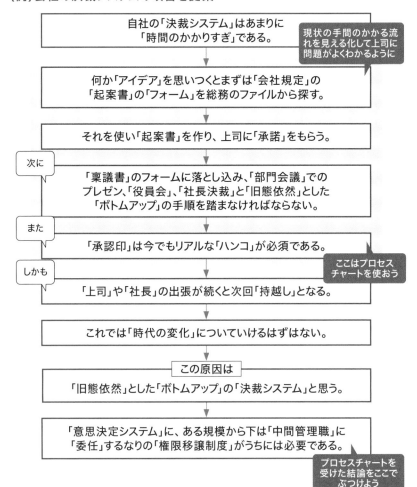

必要な部分を、どう伝えるかという目的に応じたチャートに変換していきます。チャートとチャートの間はセンテンスチャートをそのまま残しておいてOKです。

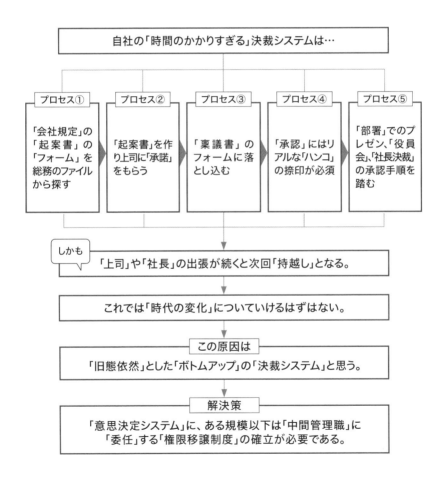

STEP 4 全体を整理する

　全体を見直し、不要だと思う枠や優先順位の低い枠は主要枠から外したり、シンプルな表現に変えたりしながら整理していきます。

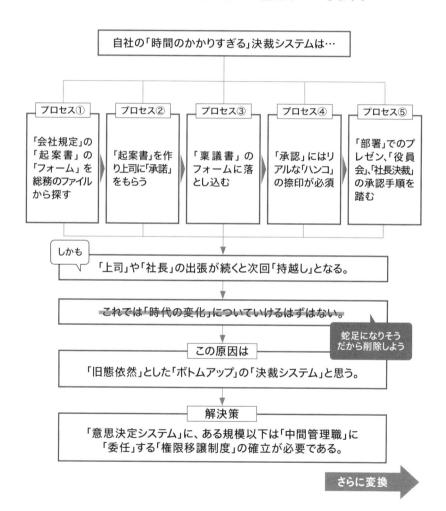

自社の「時間のかかりすぎる」決裁システムは…

プロセス①	プロセス②	プロセス③	プロセス④	プロセス⑤
「会社規定」の「起案書」の「フォーム」を総務のファイルから探す	「起案書」を作り上司に「承諾」をもらう	「稟議書」のフォームに落とし込む	「承認」にはリアルな「ハンコ」の捺印が必須	「部署」でのプレゼン、「役員会」、「社長決裁」の承認手順を踏む

しかも

「上司」や「社長」の出張が続くと次回「持越し」となる。

これでは「時代の変化」についていけるはずはない。

蛇足になりそうだから削除しよう

この原因は

「旧態依然」とした「ボトムアップ」の「決裁システム」と思う。

解決策

「意思決定システム」に、ある規模以下は「中間管理職」に「委任」する「権限移譲制度」の確立が必要である。

さらに変換

●ランタンチャートの完成です。

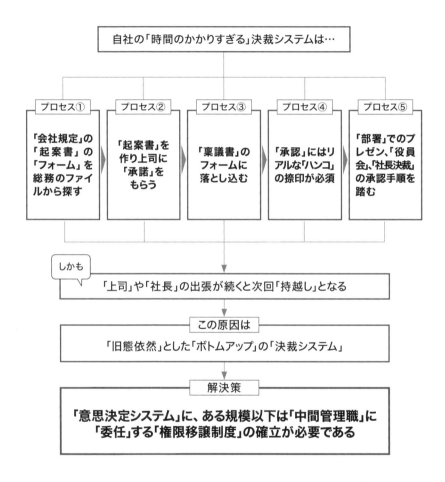

必要に応じ、よりシンプルな表現に変えるのもよいでしょう。

example **2**

自由時間の導入を提案するための資料作成

思考を文章化する

　頭の中で考えていることを文章にしてみます。ここでは、下記の例を使います。

　勤務時間中に集中力が落ちてしまうことがよくある。確かに朝から夕方までデスクワークしていると集中力を維持することは不可能に近い。

　居眠りしたり、ぼーっとしてしまったりしていると生産性は著しく低下する。

　わかっちゃいるけど、そのまま毎日を過ごしているのも現実である。

　その打開策のキーポイントは気分転換と運動であろうと考える。

　解決アイデアは昼さがりの自由時間の導入であろう。

　昼寝するもよし、外出して映画観るもよし、ジムでトレーニングもよし。

　こうした制度を週に1日導入してはどうだろう。

センテンスチャートに起こし、論理の構造を整理していく

（例）うちの会社の生産性をあげる作戦を考えた

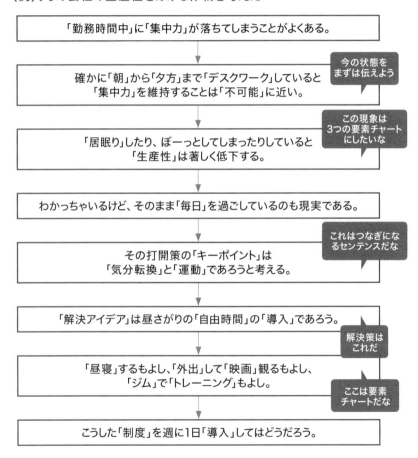

「勤務時間中」に「集中力」が落ちてしまうことがよくある。

確かに「朝」から「夕方」まで「デスクワーク」していると
「集中力」を維持することは「不可能」に近い。

今の状態を
まずは伝えよう

「居眠り」したり、ぼーっとしてしまったりしていると
「生産性」は著しく低下する。

この現象は
3つの要素チャート
にしたいな

わかっちゃいるけど、そのまま「毎日」を過ごしているのも現実である。

その打開策の「キーポイント」は
「気分転換」と「運動」であろうと考える。

これはつなぎにな
るセンテンスだな

「解決アイデア」は昼さがりの「自由時間」の「導入」であろう。

解決策は
これだ

「昼寝」するもよし、「外出」して「映画」観るもよし、
「ジム」で「トレーニング」もよし。

ここは要素
チャートだな

こうした「制度」を週に1日「導入」してはどうだろう。

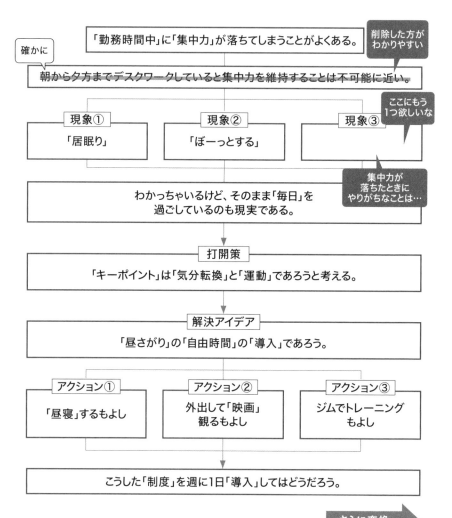

「勤務時間中」に「集中力」が落ちてしまうことがよくある。

削除した方が
わかりやすい

確かに

朝から夕方までデスクワークしていると集中力を維持することは不可能に近い。

ここにもう
1つ欲しいな

現象①
「居眠り」

現象②
「ぼーっとする」

現象③

集中力が
落ちたときに
やりがちなことは…

わかっちゃいるけど、そのまま「毎日」を
過ごしているのも現実である。

打開策
「キーポイント」は「気分転換」と「運動」であろうと考える。

解決アイデア
「昼さがり」の「自由時間」の「導入」であろう。

アクション①
「昼寝」するもよし

アクション②
外出して「映画」
観るもよし

アクション③
ジムでトレーニング
もよし

こうした「制度」を週に1日「導入」してはどうだろう。

さらに変換

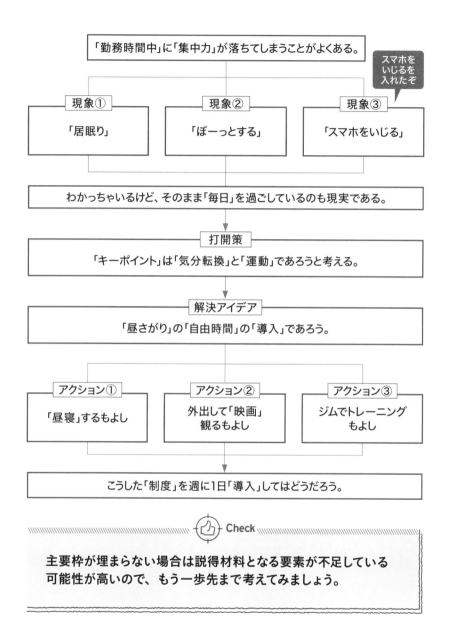

「勤務時間中」に「集中力」が落ちてしまうことがよくある。

スマホを
いじるを
入れたぞ

現象①
「居眠り」

現象②
「ぼーっとする」

現象③
「スマホをいじる」

わかっちゃいるけど、そのまま「毎日」を過ごしているのも現実である。

打開策
「キーポイント」は「気分転換」と「運動」であろうと考える。

解決アイデア
「昼さがり」の「自由時間」の「導入」であろう。

アクション①
「昼寝」するもよし

アクション②
外出して「映画」
観るもよし

アクション③
ジムでトレーニング
もよし

こうした「制度」を週に1日「導入」してはどうだろう。

Check

**主要枠が埋まらない場合は説得材料となる要素が不足している
可能性が高いので、もう一歩先まで考えてみましょう。**

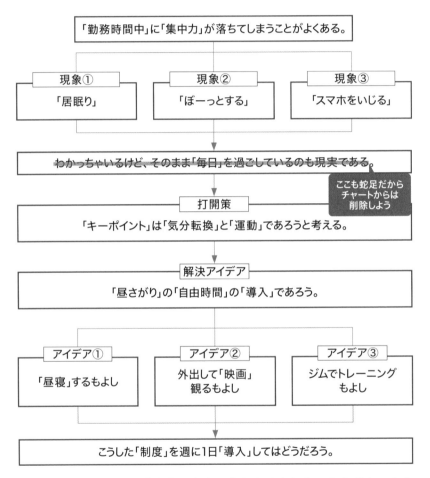

「勤務時間中」に「集中力」が落ちてしまうことがよくある。

現象①	現象②	現象③
「居眠り」	「ぼーっとする」	「スマホをいじる」

わかっちゃいるけど、そのまま「毎日」を過ごしているのも現実である。

ここも蛇足だから
チャートからは
削除しよう

打開策

「キーポイント」は「気分転換」と「運動」であろうと考える。

解決アイデア

「昼さがり」の「自由時間」の「導入」であろう。

アイデア①	アイデア②	アイデア③
「昼寝」するもよし	外出して「映画」観るもよし	ジムでトレーニングもよし

こうした「制度」を週に1日「導入」してはどうだろう。

　さらに、枠の中の言葉をもっとすっきりさせられないかも考えてみましょう。

さらに変換

●ランタンチャートの完成です。

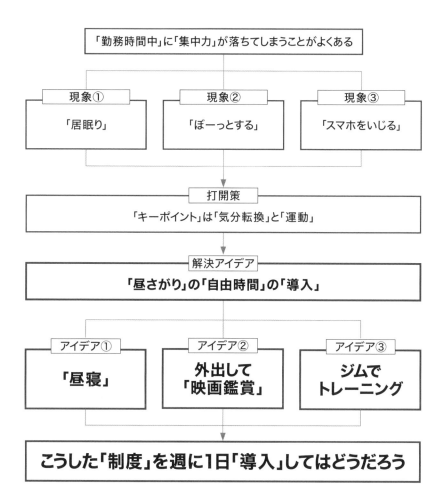

「勤務時間中」に「集中力」が落ちてしまうことがよくある

現象①
「居眠り」

現象②
「ぼーっとする」

現象③
「スマホをいじる」

打開策
「キーポイント」は「気分転換」と「運動」

解決アイデア
「昼さがり」の「自由時間」の「導入」

アイデア①
「昼寝」

アイデア②
外出して
「映画鑑賞」

アイデア③
ジムで
トレーニング

こうした「制度」を週に1日「導入」してはどうだろう

example **3**

目的の精査を提案するための
資料作成

STEP
1 思考を文章化する

　頭の中で考えていることを文章にしてみます。ここでは、下記の例を使います。

　2つの目的を一度に達成しようとして失敗するのは、どんな世界も同じである。

　営業方針としてのシェア拡大と利益率の向上はときに対立する。

　シェア拡大を狙って顧客や受注数の増加を追求すると低利益率の受注も増えていき、会社全体の収益力は低下するのが常である。

　その一方で、利益率の向上をはかろうとすると、顧客や案件を精査する必要性が生じ、シェア拡大というもう1つの目的は達成が困難となる。

　二兎を追うものは一兎をも得ずである。

　ではどうするか？

　世界の潮流はIFRS、つまり利益にフォーカスを合わせており、自社も利益率の向上に傾注すべきである。

（例）うちの会社の営業方針を利益率の向上にシフトする作戦を考えたぞ

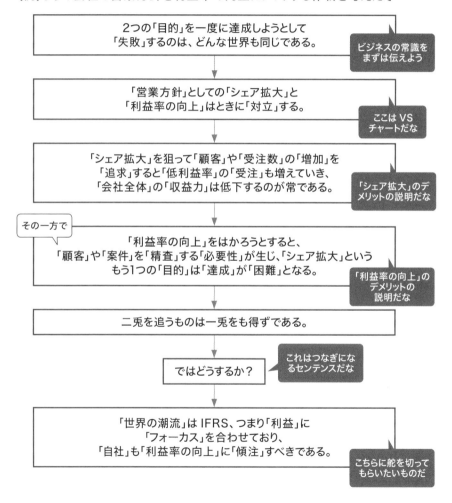

2つの「目的」を一度に達成しようとして
「失敗」するのは、どんな世界も同じである。

ビジネスの常識を
まずは伝えよう

「営業方針」としての「シェア拡大」と
「利益率の向上」はときに「対立」する。

ここは VS
チャートだな

「シェア拡大」を狙って「顧客」や「受注数」の「増加」を
「追求」すると「低利益率」の「受注」も増えていき、
「会社全体」の「収益力」は低下するのが常である。

「シェア拡大」のデ
メリットの説明だな

その一方で

「利益率の向上」をはかろうとすると、
「顧客」や「案件」を「精査」する「必要性」が生じ、「シェア拡大」という
もう1つの「目的」は「達成」が「困難」となる。

「利益率の向上」の
デメリットの
説明だな

二兎を追うものは一兎をも得ずである。

ではどうするか？

これはつなぎにな
るセンテンスだな

「世界の潮流」は IFRS、つまり「利益」に
「フォーカス」を合わせており、
「自社」も「利益率の向上」に「傾注」すべきである。

こちらに舵を切って
もらいたいものだ

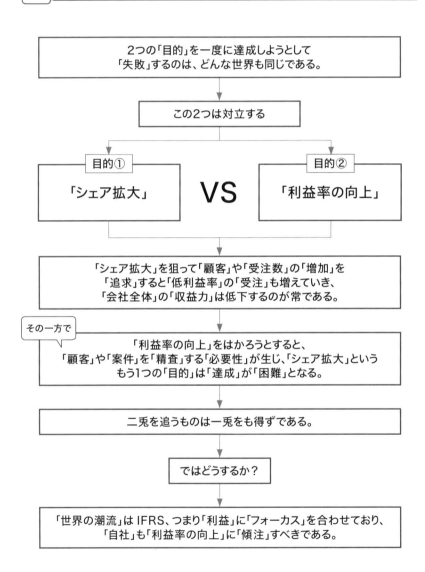

2つの「目的」を一度に達成しようとして
「失敗」するのは、どんな世界も同じである。

この2つは対立する

目的①
「シェア拡大」

VS

目的②
「利益率の向上」

「シェア拡大」を狙って「顧客」や「受注数」の「増加」を
「追求」すると「低利益率」の「受注」も増えていき、
「会社全体」の「収益力」は低下するのが常である。

その一方で

「利益率の向上」をはかろうとすると、
「顧客」や「案件」を「精査」する「必要性」が生じ、「シェア拡大」という
もう1つの「目的」は「達成」が「困難」となる。

二兎を追うものは一兎をも得ずである。

ではどうするか?

「世界の潮流」は IFRS、つまり「利益」に「フォーカス」を合わせており、
「自社」も「利益率の向上」に「傾注」すべきである。

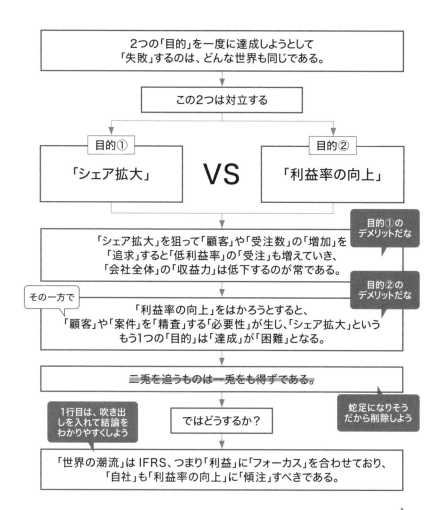

2つの「目的」を一度に達成しようとして
「失敗」するのは、どんな世界も同じである。

この2つは対立する

目的①

「シェア拡大」 VS 「利益率の向上」

目的②

「シェア拡大」を狙って「顧客」や「受注数」の「増加」を
「追求」すると「低利益率」の「受注」も増えていき、
「会社全体」の「収益力」は低下するのが常である。

目的①の
デメリットだな

その一方で

「利益率の向上」をはかろうとすると、
「顧客」や「案件」を「精査」する「必要性」が生じ、「シェア拡大」という
もう1つの「目的」は「達成」が「困難」となる。

目的②の
デメリットだな

二兎を追うものは一兎をも得ずである。

1行目は、吹き出
しを入れて結論を
わかりやすくしよう

ではどうするか？

蛇足になりそう
だから削除しよう

「世界の潮流」は IFRS、つまり「利益」に「フォーカス」を合わせており、
「自社」も「利益率の向上」に「傾注」すべきである。

さらに変換

●ランタンチャートの完成です。

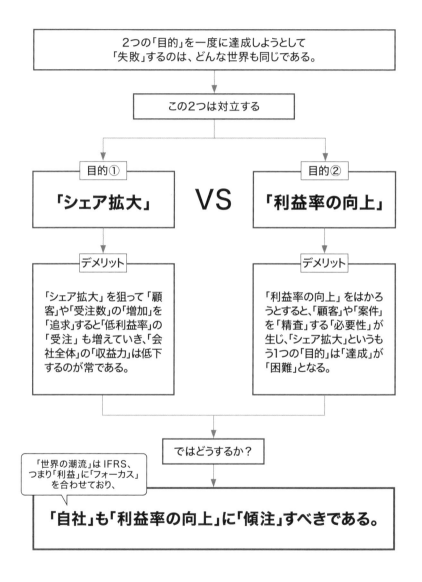

いかがでしたか？

　具体的な事例を使いましたが、あなた自身の資料作りもイメージできたでしょうか？

　セブンチャートを使いこなすための最大の秘訣は、ずばり反復練習です。

　聞いた話をチャート化する、頭に浮かんだことをチャート化するということを繰り返し、YESと言わせる資料作りの達人をぜひ、目指してください。

セブンチャートにしやすい文章の10のポイント

①ポエムを書かない

　▶ビジネス文章を書く

　　論点→争点→課題・原因→解決策

　　という文章にする

②相手に合わせて設計する

　▶文脈の設計を検討する

　▶「結論」⇒「理由」

　▶「理由」⇒「結論」

③一文は短く

　▶最大50文字を一文とする

④シンプルで強い表現を使う

　▶断定は優劣をはっきり書く

⑤事実と解釈は分ける

　▶客観的な事実と自分の解釈を別々に分けて書く

事実　〈　解釈

⑥同じ言葉を繰り返さない

　▶同じ単語の連続は読み手の集中力を下げる

⑦難解な漢字の熟語・修辞を使わない

　▶日常的な言葉を使う

⑧「書く」より「削る」ことに時間を使う

　▶2回表現している部分を削除

　▶回りくどい言い方を推敲する

　（削るコツ）

　▶二重否定は肯定に変える

　▶1つのメッセージには比喩は1つ
　　複数の比喩は削除する

　▶「自分だけが楽しい余談」は思いきって削除する

⑨「一文一意」を徹底する

　▶一文が一意以上だと理解促進が難しくなる

⑩言葉を遠回りさせない

　▶言いたいことをストレートでど真ん中に投げる

練習問題START

　第2章でも言いましたが、セブンチャートは「習うより慣れろ」です。とにかく作りましょう。そうすれば、文章を用意することなく、いきなりセンテンスチャートから書き始めるということもできるようになります。

　1日でも早く、セブンチャートをマスターしていただきたい。そこで、ここでも練習問題を用意しました。

　解答例は、あくまでも参考です。そもそも、この課題に対してあなたが私とまったく同じ文章を書くとは思えません。でも、うまく作れないというときは、どのチャートを使うのか、構造化の仕組みの参考に眺めてみてください。

あなたは IT システム会社のプランナーです。
新しい事業を考えて提案書にしてみましょう。

— MEMO —

センテンスチャートやその前の文章等、自由に書いてみましょう

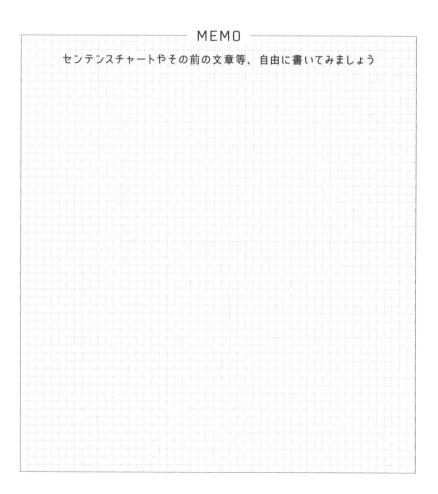

解答例

とあるタクシー会社の配車システムが注目されている。

全国にあまたある数台のタクシー保有の弱小企業では大手ベンダーの配車システムを導入する資金も人的ゆとりもない。

そこにクラウドで配車システムを提供するベンチャー企業が現れた。

リーズナブルなコストでアップデートもサブスクで提供している。

さらには配車にとどまらず新しいジョブを考え運転手の収入向上にも寄与している。

これは、1社のための開発では採算の合わないBtoB市場でも全国にその配車システムを提供できればビジネスとして成立することを実証している。

このフレームを自社にも水平展開したい。

つまり全国のBtoB市場において最小規模の特定業種の企業群において○○を解決するインフラをクラウドで提供するサービスを開発する。

具体的には、小規模なお寺の住職に向けて檀家のお墓の定期清掃代行サービスやお参りサービスをシステム開発しクラウドで提供することを提案する。

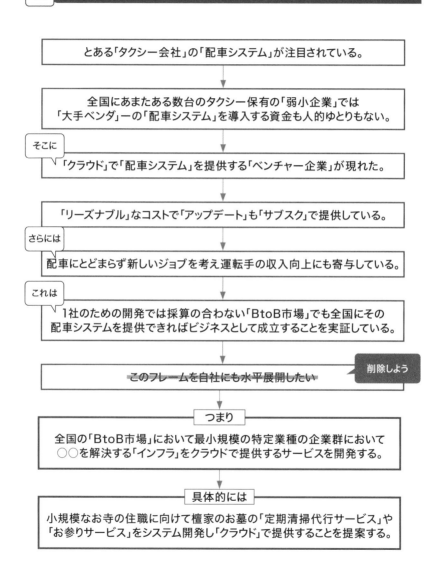

とある「タクシー会社」の「配車システム」が注目されている。

全国にあまたある数台のタクシー保有の「弱小企業」では
「大手ベンダ」ーの「配車システム」を導入する資金も人的ゆとりもない。

そこに

「クラウド」で「配車システム」を提供する「ベンチャー企業」が現れた。

「リーズナブル」なコストで「アップデート」も「サブスク」で提供している。

さらには

配車にとどまらず新しいジョブを考え運転手の収入向上にも寄与している。

これは

1社のための開発では採算の合わない「BtoB市場」でも全国にその
配車システムを提供できればビジネスとして成立することを実証している。

このフレームを自社にも水平展開したい　　削除しよう

つまり

全国の「BtoB市場」において最小規模の特定業種の企業群において
○○を解決する「インフラ」をクラウドで提供するサービスを開発する。

具体的には

小規模なお寺の住職に向けて檀家のお墓の「定期清掃代行サービス」や
「お参りサービス」をシステム開発し「クラウド」で提供することを提案する。

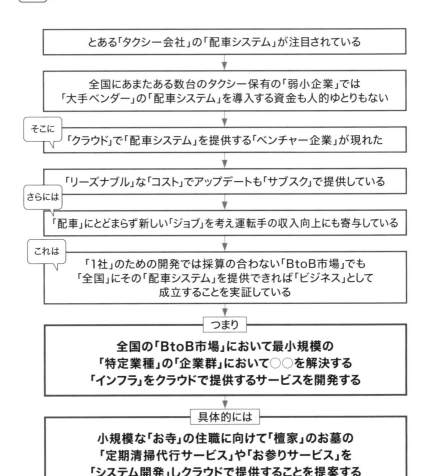

とある「タクシー会社」の「配車システム」が注目されている

全国にあまたある数台のタクシー保有の「弱小企業」では
「大手ベンダー」の「配車システム」を導入する資金も人的ゆとりもない

そこに
「クラウド」で「配車システム」を提供する「ベンチャー企業」が現れた

「リーズナブル」な「コスト」でアップデートも「サブスク」で提供している

さらには
「配車」にとどまらず新しい「ジョブ」を考え運転手の収入向上にも寄与している

これは
「1社」のための開発では採算の合わない「BtoB市場」でも
「全国」にその「配車システム」を提供できれば「ビジネス」として
成立することを実証している

つまり
**全国の「BtoB市場」において最小規模の
「特定業種」の「企業群」において○○を解決する
「インフラ」をクラウドで提供するサービスを開発する**

具体的には
**小規模な「お寺」の住職に向けて「檀家」のお墓の
「定期清掃代行サービス」や「お参りサービス」を
「システム開発」しクラウドで提供することを提案する**

今回は、センテンスチャートだけにしました。これでも、ただの文章よりわかりやすくなります。

自社の DXについて提案書を書いてみましょう

━━━━━━━━ MEMO ━━━━━━━━

センテンスチャートやその前の文章等、自由に書いてみましょう

解答例

DXに取り組むということは情報を基盤とする組織に生まれ変わるということです。

デジタルを活用して何を達成したいのか？　私が思うに今の間接コストを30％削減する。営業のパーヘッドを50％向上させる。新規顧客の獲得にデジタルを活用して人的資源の投入を40％削減する。などの期待成果（KPI）の設定が課題と考えます。

そしていざ運用が始まるとシステムの更新においては経営トップから顧客までが同じ情報を共有する仕組みが必須です。それは自社の責任領域であり、ITベンダーに正しくブラッシュアップの方向性を伝えなければなりません。そのためには情報の流れを見える化し、それに沿った事業運営を行い、時代の変化に合わせて対応するようにすることが重要と考えます。

つまりDX導入に際しては達成すべき期待成果（KPI）を設定する。またDX運用に際しては現場の要望がビビッドに伝わる仕組みを作る。よく欠落するのはこちらです。

センテンスチャートに起こし、論理の構造を整理していく

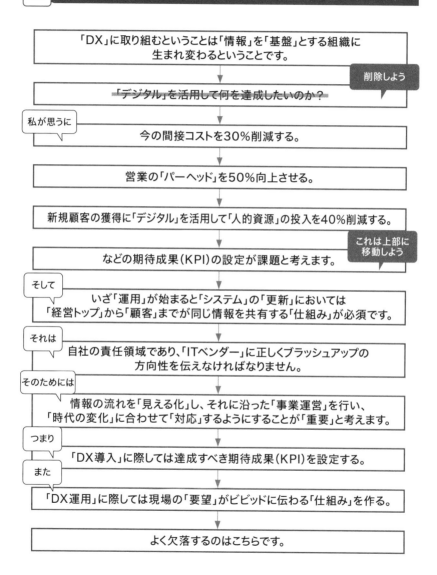

「DX」に取り組むということは「情報」を「基盤」とする組織に
生まれ変わるということです。

削除しよう

「デジタル」を活用して何を達成したいのか？

私が思うに

今の間接コストを30％削減する。

営業の「パーヘッド」を50％向上させる。

新規顧客の獲得に「デジタル」を活用して「人的資源」の投入を40％削減する。

これは上部に
移動しよう

などの期待成果（KPI）の設定が課題と考えます。

そして

いざ「運用」が始まると「システム」の「更新」においては
「経営トップ」から「顧客」までが同じ情報を共有する「仕組み」が必須です。

それは

自社の責任領域であり、「ITベンダー」に正しくブラッシュアップの
方向性を伝えなければなりません。

そのためには

情報の流れを「見える化」し、それに沿った「事業運営」を行い、
「時代の変化」に合わせて「対応」するようにすることが「重要」と考えます。

つまり

「DX導入」に際しては達成すべき期待成果（KPI）を設定する。

また

「DX運用」に際しては現場の「要望」がビビッドに伝わる「仕組み」を作る。

よく欠落するのはこちらです。

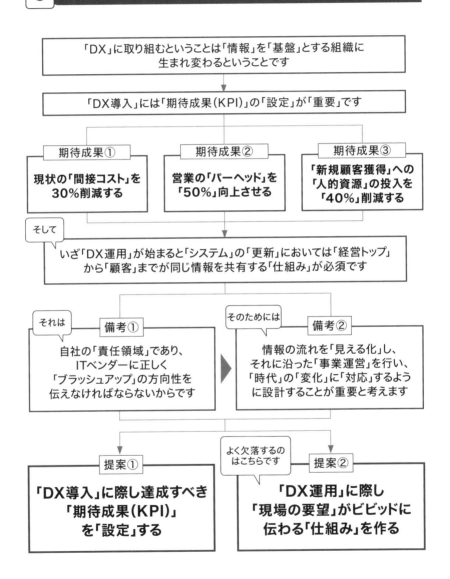

「DX」に取り組むということは「情報」を「基盤」とする組織に
生まれ変わるということです

「DX導入」には「期待成果(KPI)」の「設定」が「重要」です

期待成果①
現状の「間接コスト」を
30%削減する

期待成果②
営業の「パーヘッド」を
「50%」向上させる

期待成果③
「新規顧客獲得」への
「人的資源」の投入を
「40%」削減する

そして
いざ「DX運用」が始まると「システム」の「更新」においては「経営トップ」
から「顧客」までが同じ情報を共有する「仕組み」が必須です

それは
備考①
自社の「責任領域」であり、
ITベンダーに正しく
「ブラッシュアップ」の方向性を
伝えなければならないからです

そのためには
備考②
情報の流れを「見える化」し、
それに沿った「事業運営」を行い、
「時代」の「変化」に「対応」するよう
に設計することが重要と考えます

提案①
「DX導入」に際し達成すべき
「期待成果(KPI)」
を「設定」する

よく欠落するの
はこちらです
提案②
「DX運用」に際し
「現場の要望」がビビッドに
伝わる「仕組み」を作る

自分の理想とする「上司像」を考えて
言語化・チャート化してみよう

─ MEMO ─

センテンスチャートやその前の文章等、自由に書いてみましょう

解答例

ここでは、これまでと少しやり方を変えてみます。センテンスチャートにする前に文章を整えることで、チャート化がより効率的になります。

1 思考を文章化する

理想の上司の条件は3つと考えます。

1つ目は仕事において尊敬できることである。つまり視野が広く多角的な論点を持っている。そして一貫性があり、いつもそちらにリードしてくれる。

2つ目は部下の成長を支援してくれることである。まず長所を見つけてほめてくれる。そしてスキルや経験に適した仕事を割り振ってくれる。

3つ目はコミュニケーションがとりやすいことである。上司から話しやすい雰囲気を作ってくれることは重要である。その上でじっくり自分の話を聞いてくれる。

なによりも責任を持つがゆえに部下の成長をわがこととして喜んでくれるのが理想の上司です。

センテンスチャートにする前に、文章を箇条書きにしておけば、チャートにはめ込みやすくなります。

例文だと次の通りです。

● 理想の上司の条件は3つと考えます

● 仕事において尊敬できる

　▶ 視野が広く多角的な論点を持っている

　▶ 一貫性があり、いつもそちらにリードしてくれる

● 部下の成長を支援してくれる

　▶ 長所を見つけてほめてくれる

　▶ スキルや経験に適した仕事を割り振ってくれる

● コミュニケーションがとりやすい

　▶ 話しやすい雰囲気を作ってくれる

　▶ 自分の話を聞いてくれる

● なによりも責任を持つがゆえに部下の成長をわがこととして喜んでくれるのが理想の上司です

箇条書きをセンテンスチャートにして、さらに論理の構造を整理していく

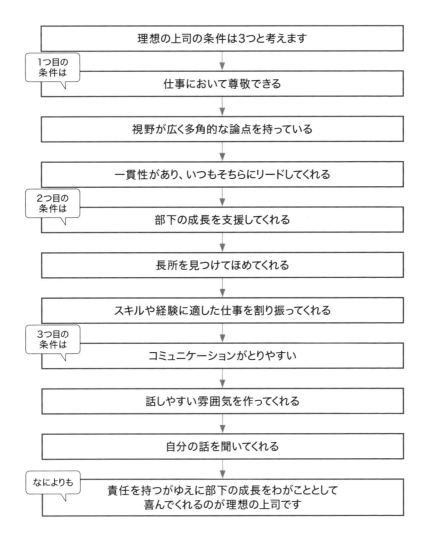

理想の上司の条件は3つと考えます

1つ目の条件は

仕事において尊敬できる

視野が広く多角的な論点を持っている

一貫性があり、いつもそちらにリードしてくれる

2つ目の条件は

部下の成長を支援してくれる

長所を見つけてほめてくれる

スキルや経験に適した仕事を割り振ってくれる

3つ目の条件は

コミュニケーションがとりやすい

話しやすい雰囲気を作ってくれる

自分の話を聞いてくれる

なによりも

責任を持つがゆえに部下の成長をわがこととして喜んでくれるのが理想の上司です

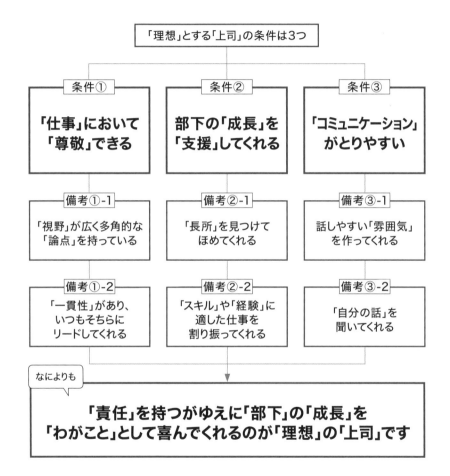

「理想」とする「上司」の条件は3つ

条件①
「仕事」において「尊敬」できる

条件②
部下の「成長」を「支援」してくれる

条件③
「コミュニケーション」がとりやすい

備考①-1
「視野」が広く多角的な「論点」を持っている

備考②-1
「長所」を見つけてほめてくれる

備考③-1
話しやすい「雰囲気」を作ってくれる

備考①-2
「一貫性」があり、いつもそちらにリードしてくれる

備考②-2
「スキル」や「経験」に適した仕事を割り振ってくれる

備考③-2
「自分の話」を聞いてくれる

なによりも

**「責任」を持つがゆえに「部下」の「成長」を
「わがこと」として喜んでくれるのが「理想」の「上司」です**

セブンチャートにも慣れてきたでしょうか？
理想の上司の次は、理想の部下について考えてみましょう！

自分の理想とする「部下像」を考えて
言語化・チャート化してみよう

--- MEMO ---

センテンスチャートやその前の文章等、自由に書いてみましょう

解答例

STEP
1 思考を文章化する

理想の部下の条件を考えてみます。

まずは上司の本音を理解しようとする部下や、上司の行動に続き二番手を演じられる部下が条件に当てはまりますね。

また上司とコミュニケーションを図ろうとする部下や逆境でも逃げない部下もいいですね。成長意欲を示す部下も素晴らしいです。

なによりも自ら目標を設定してその達成に自ら行動する部下が理想です。

欲を言えば自分の子供を彼の部下につけたいと思えることです。

2 センテンスチャートに起こし、論理の構造を整理していく

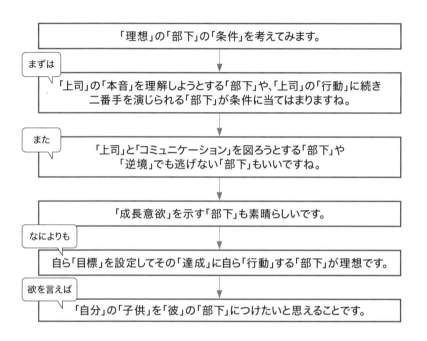

「理想」の「部下」の「条件」を考えてみます。

まずは

「上司」の「本音」を理解しようとする「部下」や、「上司」の「行動」に続き
二番手を演じられる「部下」が条件に当てはまりますね。

また

「上司」と「コミュニケーション」を図ろうとする「部下」や
「逆境」でも逃げない「部下」もいいですね。

「成長意欲」を示す「部下」も素晴らしいです。

なによりも

自ら「目標」を設定してその「達成」に自ら「行動」する「部下」が理想です。

欲を言えば

「自分」の「子供」を「彼」の「部下」につけたいと思えることです。

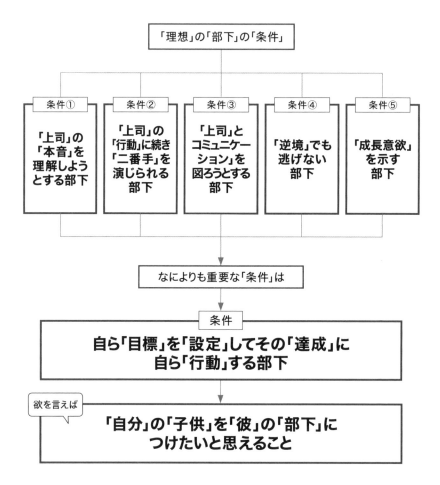

STEP 3 目的に応じたチャートに変換する

「理想」の「部下」の「条件」

条件① 「上司」の「本音」を理解しようとする部下

条件② 「上司」の「行動」に続き「二番手」を演じられる部下

条件③ 「上司」とコミュニケーション」を図ろうとする部下

条件④ 「逆境」でも逃げない部下

条件⑤ 「成長意欲」を示す部下

なによりも重要な「条件」は

条件

自ら「目標」を「設定」してその「達成」に自ら「行動」する部下

欲を言えば

「自分」の「子供」を「彼」の「部下」につけたいと思えること

練習問題 **5**

自分の理想とする「チーム像」を考えて
言語化・チャート化してみよう

―― MEMO ――

センテンスチャートやその前の文章等、自由に書いてみましょう

解答例

STEP
1　思考を文章化する

理想のチームは目標と実行力を合わせ持っています。

明確な目標があり、メンバー全員が同じ方向をめざしています。

メンバーの当事者意識が強く主体性をもって行動します。

各メンバーが自分の強み、同僚の強みを発揮してもらおうとします。

各メンバーの役割が明確でありサポートしあえる環境ができています。

理想のチームは信頼関係がある。

メンバー全員が、よい人間関係とは生産的であるということを知っていることが重要です。コミュニケーションがいつも円滑で情報の共有ができていることも重要です。そしてその行動の基盤は成果によって規定されることを全員が理解していることです。

センテンスチャートに起こし、論理の構造を整理していく

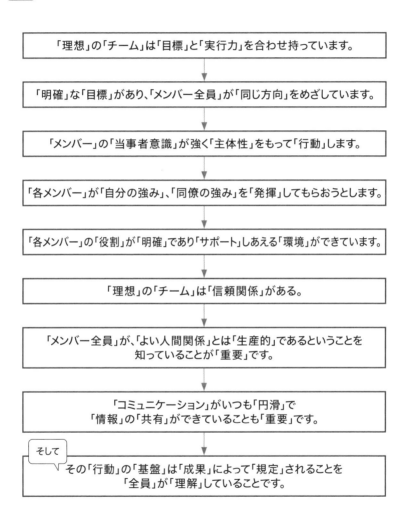

「理想」の「チーム」は「目標」と「実行力」を合わせ持っています。

「明確」な「目標」があり、「メンバー全員」が「同じ方向」をめざしています。

「メンバー」の「当事者意識」が強く「主体性」をもって「行動」します。

「各メンバー」が「自分の強み」、「同僚の強み」を「発揮」してもらおうとします。

「各メンバー」の「役割」が「明確」であり「サポート」しあえる「環境」ができています。

「理想」の「チーム」は「信頼関係」がある。

「メンバー全員」が、「よい人間関係」とは「生産的」であるということを
知っていることが「重要」です。

「コミュニケーション」がいつも「円滑」で
「情報」の「共有」ができていることも「重要」です。

そして
その「行動」の「基盤」は「成果」によって「規定」されることを
「全員」が「理解」していることです。

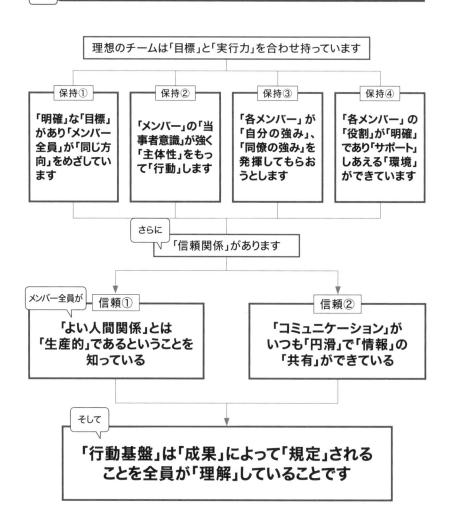

理想のチームは「目標」と「実行力」を合わせ持っています

保持①

「明確」な「目標」があり「メンバー全員」が「同じ方向」をめざしています

保持②

「メンバー」の「当事者意識」が強く「主体性」をもって「行動」します

保持③

「各メンバー」が「自分の強み」、「同僚の強み」を発揮してもらおうとします

保持④

「各メンバー」の「役割」が「明確」であり「サポート」しあえる「環境」ができています

さらに

「信頼関係」があります

メンバー全員が

信頼①

「よい人間関係」とは「生産的」であるということを知っている

信頼②

「コミュニケーション」がいつも「円滑」で「情報」の「共有」ができている

そして

「行動基盤」は「成果」によって「規定」されることを全員が「理解」していることです

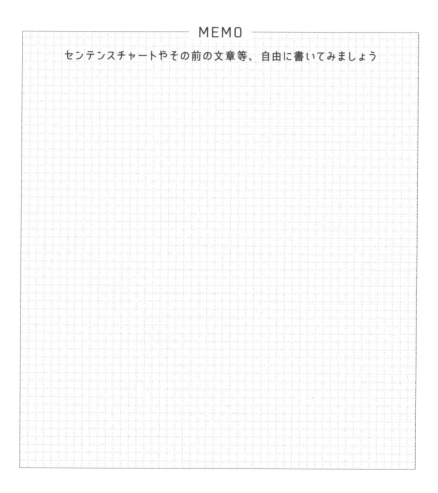

練習問題 6

自分の理想とする「会議」を考えて
言語化・チャート化してみよう

```
――――――――――――――――――――― MEMO ―――――――――――――
    センテンスチャートやその前の文章等、自由に書いてみましょう
```

解答例

思考を文章化する

声のおおきな人（上司）のワンマンショーにならない会議がいいな。ゴールや論点も事前に共有しておく会議がいいな。また議論がずれたときはファシリテーターが上手に本題に戻す仕組みもほしいです。議事録を構造化して参加者にできるだけ早く共有すると助かります。

会議資料やアジェンダは前日までに参加メンバーに共有しておき生産性を高めたいですね。

あらかじめリーダーや中心メンバーの現段階での考えを確認しておくのもいいですね。意見が出ないときファシリテーターが「例えばＡ案はどうでしょうか？」と仮の意見を述べて「呼び水」とすることもやりたいですね。会議の目的を意思決定の場と定義して参加者が理解していることが重要ですね。

応用編：センテンスチャートに入れる前に、文章を正す

今回は、練習問題3よりもさらに細かく、チャート化の前に文章を秩序立ててみます。

書くことに慣れてくれば、センテンスチャートをブラッシュアップする手間が省けます。

ここでうまく秩序立てることができれば、いきなりランタンチャートを作り始めることもできるかもしれません。

●**会議のプロセスを想像しながら「通し番号」を振ってみる**

①声のおおきな人（上司）のワンマンショーにならない会議

⑤ゴールや論点も事前に共有しておく

⑦議論がずれたときはファシリテーターが上手に本題に戻す

⑧議事録を構造化して参加者にできるだけ早く共有する

③会議資料やアジェンダは前日までに参加メンバーに共有する

④リーダーや中心メンバーの現段階での考えを確認しておく

⑥意見が出ないときファシリテーターが「例えばＡ案はどうでしょう
　か？」と仮の意見を述べて「呼び水」とする

②会議の目的を意思決定の場と定義して参加者が理解していること

●**会議のプロセスを想像しながら「通し番号」順に並べ替える**

①声のおおきな人（上司）のワンマンショーにならない会議

②会議の目的を意思決定の場と定義して参加者が理解していること

③会議資料やアジェンダは前日までに参加メンバーに共有する

④リーダーや中心メンバーの現段階での考えを確認しておく

⑤ゴールや論点も事前に共有しておく

⑥意見が出ないときファシリテーターが「例えばＡ案はどうでしょう
　か？」と仮の意見を述べて「呼び水」とする

⑦議論がずれたときはファシリテーターが上手に本題に戻す

⑧議事録を構造化して参加者にできるだけ早く共有する

●会議のプロセスを想像しながら

「通し番号」順に加え、不足している項目を追加する

①声のおおきな人（上司）のワンマンショーにならない会議

②会議の目的を意思決定の場と定義して参加者が理解していること

〈(追加)会議の準備が大切〉

③会議資料やアジェンダは前日までに参加メンバーに共有する

④リーダーや中心メンバーの現段階での考えを確認しておく

⑤ゴールや論点も事前に共有しておく

〈(追加)会議当日の進行が大切〉

⑥意見が出ないときファシリテーターが「例えばA案はどうでしょうか？」と仮の意見を述べて「呼び水」とする

⑦議論がずれたときはファシリテーターが上手に本題に戻す

〈(追加) アフターフォローが大切〉

⑧議事録を構造化して参加者にできるだけ早く共有する

●新規項目も含め理想の会議を体系化する

①声のおおきな人（上司）のワンマンショーにならない会議

②会議の目的を意思決定の場と定義して参加者が理解していること

③事前準備がしっかりできていること

　▶③ー1会議資料やアジェンダは前日までに参加メンバーに共有する

　▶③ー2リーダーや中心メンバーの現段階での考えを確認しておく

　▶③ー3ゴールや論点も事前に共有しておく

④当日進行がしっかりできていること

　▶④ー1意見が出ないときファシリテーターが「例えばA案はどうで

しょうか？」と仮の意見を述べて「呼び水」とする

▶️④ー２議論がずれたときはファシリテーターが上手に本題に戻す

⑤会議のアフターフォロー

▶️⑤ー１議事録を構造化して参加者にできるだけ早く共有する

●**感情の先走ったコメントは入れるにせよ最後に回す**

①会議の目的を意思決定の場と定義して参加者が理解していること

②事前準備がしっかりできていること

▶️②ー１会議資料やアジェンダは前日までに参加メンバーに共有する

▶️②ー２リーダーや中心メンバーの現段階での考えを確認しておく

▶️②ー３ゴールや論点も事前に共有しておく

③当日進行がしっかりできていること

▶️③ー１意見が出ないときファシリテーターが「例えばＡ案はどうで
しょうか？」と仮の意見を述べて「呼び水」とする

▶️③ー２議論がずれたときはファシリテーターが上手に本題に戻す

④会議のアフターフォロー

▶️④ー１議事録を構造化して参加者にできるだけ早く共有する

⑤声のおおきな人（上司）のワンマンショーにならない会議

ここまですれば、次のSTEP2では、そのままチャートに入れていくだ
けでOKです。

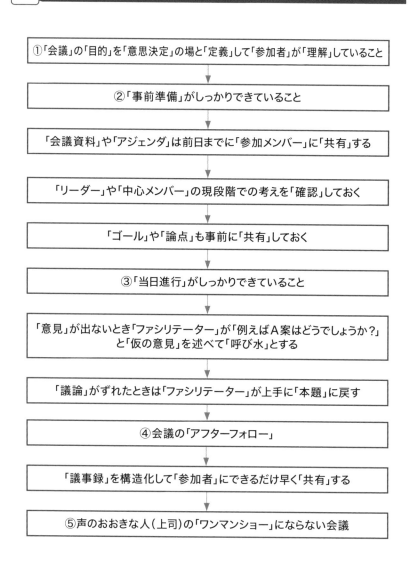

① 「会議」の「目的」を「意思決定」の場と「定義」して「参加者」が「理解」していること

② 「事前準備」がしっかりできていること

「会議資料」や「アジェンダ」は前日までに「参加メンバー」に「共有」する

「リーダー」や「中心メンバー」の現段階での考えを「確認」しておく

「ゴール」や「論点」も事前に「共有」しておく

③ 「当日進行」がしっかりできていること

「意見」が出ないとき「ファシリテーター」が「例えばA案はどうでしょうか?」と「仮の意見」を述べて「呼び水」とする

「議論」がずれたときは「ファシリテーター」が上手に「本題」に戻す

④ 会議の「アフターフォロー」

「議事録」を構造化して「参加者」にできるだけ早く「共有」する

⑤ 声のおおきな人(上司)の「ワンマンショー」にならない会議

目的に応じたチャートに変換する

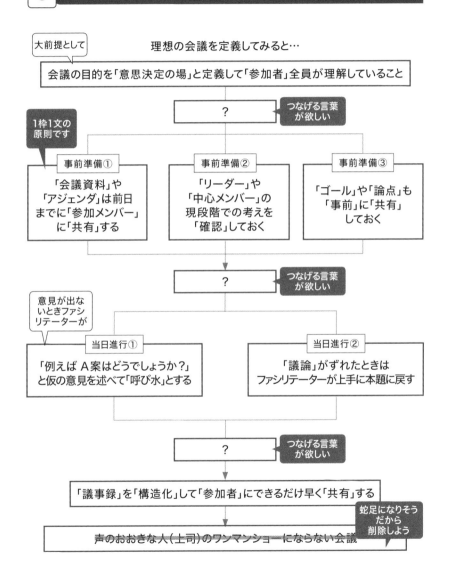

大前提として

理想の会議を定義してみると…

会議の目的を「意思決定の場」と定義して「参加者」全員が理解していること

? | つなげる言葉が欲しい

1枠1文の原則です

事前準備①
「会議資料」や「アジェンダ」は前日までに「参加メンバー」に「共有」する

事前準備②
「リーダー」や「中心メンバー」の現段階での考えを「確認」しておく

事前準備③
「ゴール」や「論点」も「事前」に「共有」しておく

? | つなげる言葉が欲しい

意見が出ないときファシリテーターが

当日進行①
「例えば A案はどうでしょうか?」と仮の意見を述べて「呼び水」とする

当日進行②
「議論」がずれたときはファシリテーターが上手に本題に戻す

? | つなげる言葉が欲しい

「議事録」を「構造化」して「参加者」にできるだけ早く「共有」する

蛇足になりそうだから削除しよう

声のおおきな人(上司)のワンマンショーにならない会議

●完成

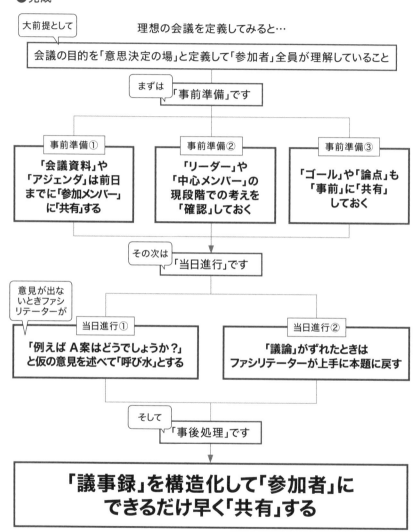

大前提として

理想の会議を定義してみると…

会議の目的を「意思決定の場」と定義して「参加者」全員が理解していること

まずは 「事前準備」です

事前準備①
「会議資料」や
「アジェンダ」は前日
までに「参加メンバー」
に「共有」する

事前準備②
「リーダー」や
「中心メンバー」の
現段階での考えを
「確認」しておく

事前準備③
「ゴール」や「論点」も
「事前」に「共有」
しておく

その次は 「当日進行」です

意見が出ないときファシリテーターが

当日進行①
「例えばA案はどうでしょうか？」
と仮の意見を述べて「呼び水」とする

当日進行②
「議論」がずれたときは
ファシリテーターが上手に本題に戻す

そして 「事後処理」です

「議事録」を構造化して「参加者」に
できるだけ早く「共有」する

いよいよ、次が最後の練習問題です。がんばりましょう！

練習問題 **7**

チームリーダーとして「経営トップ」と「管理職」の理想の関係を考えて言語化・チャート化してみよう

MEMO

センテンスチャートやその前の文章等、自由に書いてみましょう

解答例

1 思考を文章化する

今回は、最初から箇条書きにしてみました。

〈経営トップの役割〉

〜経営トップでなければできないことをする〜

■ 組織のミッションを決める

■ 組織を設計し維持する

■ 基準を決める（成果・人事・報酬……）

■ 組織を代表して発言する（社会的な地位をアピール）

■ 深刻な会社の危機に自ら動く

〈管理職の役割〉

〜スペシャリストとして組織に貢献する〜

■ 部下として経営トップに貢献する

■ 自ら考え行動する

■ 現場での変化をいち早く察知する

■ 現場で成果の上がりやすい意思決定をトップに促す

■ 権限の委譲や計画の変更を訴える

2 適したチャートに落とし込む

今回はSTEP1の段階で、対立構造がはっきりしているので、センテンスチャートは作らずに、最初からVSチャートにしました。

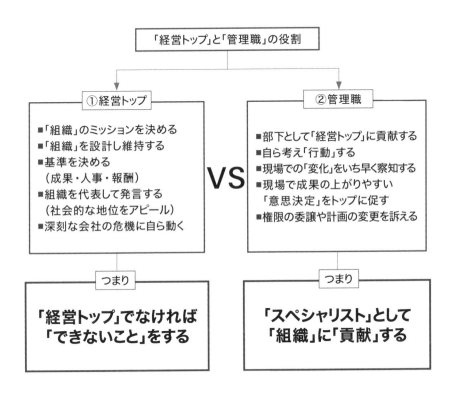

これで完成です！

いかがですか？

「セブンチャート」は、最初の文章の組み立て方によっては、練習問題7のように、いきなりチャート化することも可能です。

本書で紹介した作り方はあくまでも基本のやり方。

作っているうちに、自分なりの作り方ができるようになるでしょう。

実録「セブンチャート」の使い方②

セブンチャートは、ちょっとした話し合いの内容をまとめるときなどにも使えます。ここでは、そんな場合の実例をご紹介します。

●部下と2人でブレストした内容をまとめる

▶2人でホワイトボードのそばに座る

▶部下に「口頭でいいからアイデアを話してごらん」と促す

▶しゃべりだした部下の言葉をホワイトボードにすべて書き留めていく

▶1時間もしゃべるとホワイトボードは真っ黒になる

▶大きく話した内容のブロックを〇で囲んでおく

▶ホワイトボードを写真に撮ってプリントアウトする

▶書いてある1つ1つのコメントを適したセブンチャートで可視化していく

▶ホワイトボードのメッセージを1シート1メッセージでセブンチャートに書き換える

▶それぞれのチャートの同類項をまとめるとそれが「第〇章」の原型となる

▶一度、それでページを並べて初稿とする

▶不足している考察や資料を検証する

▶後日、同じ作業をその部下と再びやって完成度を高めていく

※ここでは部下を促す流れですが、自分や上司の考えをホワイトボードに書き留めて、その後、チャートを作っていくこともできます。

●朝のミーティングで決まったことをまとめる

▶4つ決まったことがあれば「要素チャート」でまとめる

▶下の備考に、締め切り日や担当者などを記述して参加者全員に共有する

セブンチャートを作成する際のボリューム

　日常的にセブンチャートを使用する際は、1枚〜数枚でサッとまとめ、関係者と共有するほうが重要です。

　それをベースにすれば、次の会議でさらにブラッシュアップすることができます。

おわりに

　ここまでお付き合いいただき本当にありがとうございました。

　上達のコツは本文にもありますように「習うより慣れろ」です。

　20年前にあるビジネス書を読んでいて「本を読むのが苦手な人は1つ1つの文章を読解するのが苦手。そして複数の文章で構成される文脈を読み取るのはなおさら苦手なんだろうな」と思い当たりました。

　「であれば、数字がチャート化できるんだから文章もチャート化できるはずだ」

　「文章をチャート化すれば一番苦手な読解は構造化できているがゆえに考えなくていい」

　「そもそも書いた人は、読む人に真意を伝えイエスと言ってもらうために文章を書いている」

　「であれば文章のチャート化は合目的的な手段として妥当だ」

　「よし、やってみよう」

　となりました。

　それから20年、書いたチャートはパワポスライド2万枚を超えました（右ページの写真でその量がわかるでしょうか……）。

　その中の5000枚はドラッカーの理解のために作成しまくりました。翻訳家の上田惇生先生からも「新しい勉強法の体系化だ」とお褒めの言葉をいただき嬉しかったのを覚えています。

1万枚を超えたあたりからは、なんとなくメソッドっぽいモノが見え始めました。

　そうしているうちに出版のご縁をいただき、改めて自分のやっていることを体系化し、言語化し、ルール化する機会ができ、この『チャートで考えればうまくいく』を上梓することができました。

　なによりも取引先の経営トップとの人間関係が醸成され、チャート化の反復訓練で部下や外部スタッフの読解力や構想力のスキル・知見が高まり、それぞれの立場で成果に繋がったことが喜びです。

　体得してしまえばあなたの「ポータブルスキル」です。誰にも奪われず生涯使えるビジネスの武器になることを請け合います。

安藤芳樹

私が作ったチャートの一部。積み重ねたら
1メートル 30 センチになりました。

付録

セブンチャート
テンプレート集

センテンスチャート、定義チャートはシンプルな
構造のため、テンプレートはこちらには掲載して
いません。
また、すぐにパソコンでセブンチャートを作りた
いという方、もっといろいろな形のテンプレート
がほしいという方のために、「パワーポイント」の
テンプレートを用意しました。
189 ページの二次元コードを読み取り、ダウン
ロードしてご活用ください。

❶ YES NO チャート：バリエーション

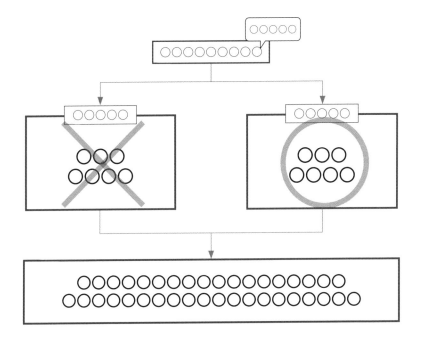

❷要素チャート：バリエーション

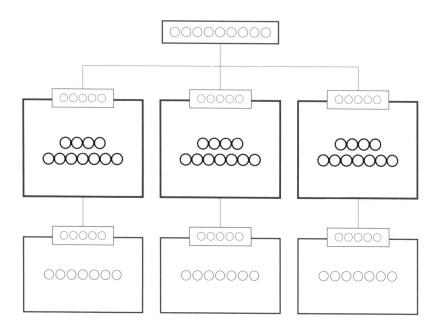

❸ VS チャート：バリエーション

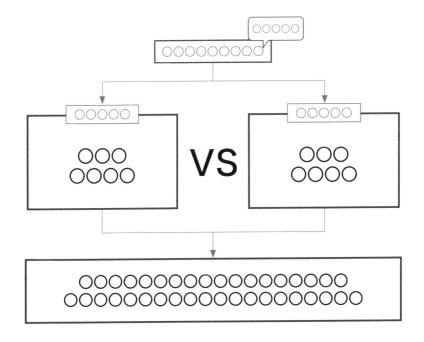

❹プロセスチャート：バリエーション

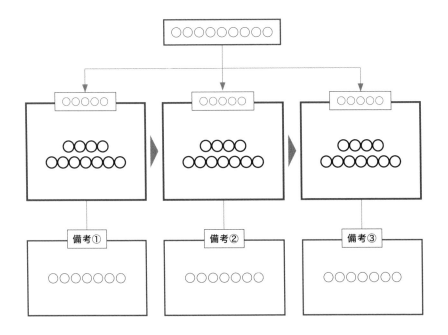

❺プロセスチャート：バリエーション

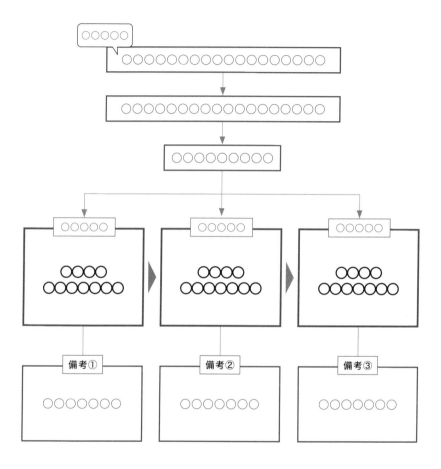

❻プロセスチャート：バリエーション

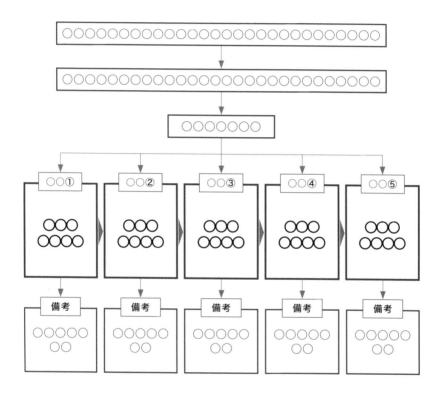

❼ランタンチャート：バリエーション

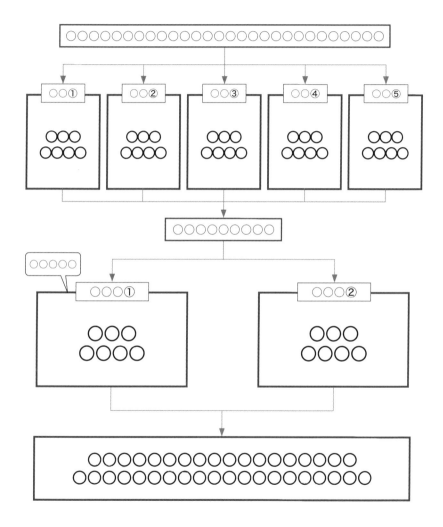

❽ランタンチャート：バリエーション

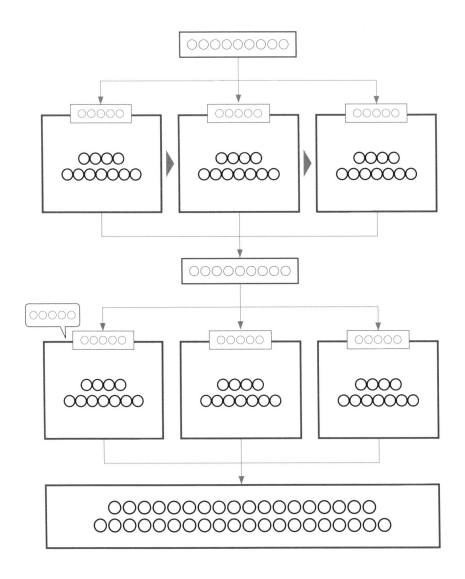

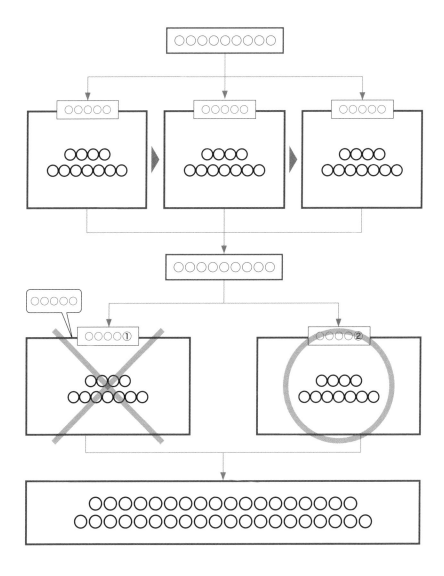

❿ランタンチャート：バリエーション

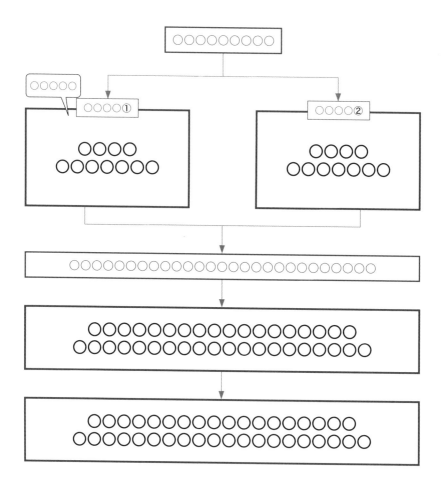

おまけ

企画書のテンプレートは世の中にたくさんあります。しかし、物事を考察するためのチャート、ましてやテンプレートはあまり出回っていないのではないでしょうか。

そのため、ここでは、マーケティングや事業を定義するチャートを一部ご紹介します。

「セブンチャート」の汎用性の高さがわかるのではないでしょうか。

● 事業戦略のシナリオの設定

　　　　　3 つの C からの事業戦略を考察してみると…

【事業戦略のシナリオ】

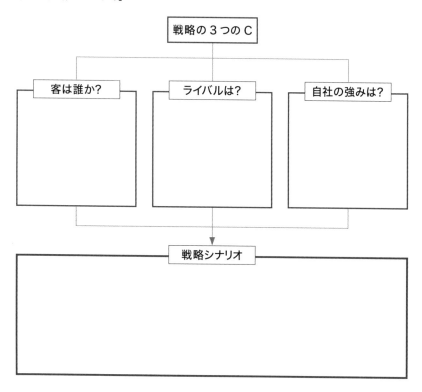

戦略の 3 つの C

客は誰か?　　ライバルは?　　自社の強みは?

戦略シナリオ

●コミュニケーションのシナリオの設定

「マーケティング・コミュニケーション」のシナリオを設定しましょう

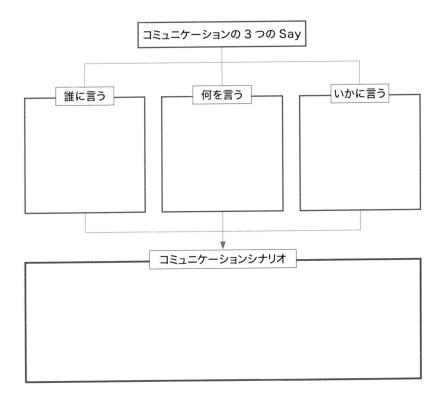

●○○の定義

○○の「定義」を「5つの質問」でまとめてみます

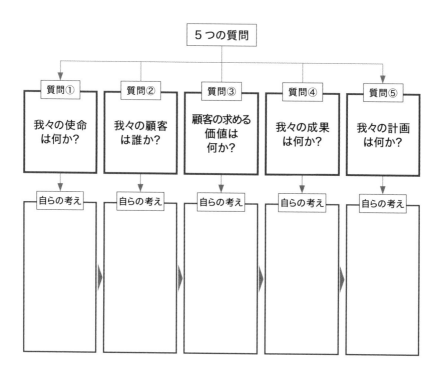

今日から使える
セブンチャートテンプレート集

本書をお読みくださったあなたは、「今すぐセブンチャートを作りたい！」と思われているかもしれません。そんなあなたのために、セブンチャートのテンプレート集をご用意いたしました。本書の付録として掲載したセブンチャートは、代表的なバリエーションの１つです。他にも、さまざまなセブンチャートを作ることができます。ぜひ、ご活用ください。

**特典は下の二次元コードから
ダウンロードできます。**

▶ ユーザ名
discover2805

▶ パスワード
sevenchart

https://d21.co.jp/special/sevenchart/

参考資料、参考文献

電脳交通「クラウド型タクシー配車システム・配車委託サービス」
https://cybertransporters.com/service/

マイナビニュース／理想の上司、最上位は「人間的に尊厳できる」、最下位は？
https://news.mynavi.jp/article/20210417-1872717/

J-Cast 会社ウォッチ／上司が「手放したくない」部下の10条件とは
https://www.j-cast.com/kaisha/2014/11/26221714.html?p=all

Goalous ブログ／仕事でのチームワークの定義や重要性とは？向上の５つのポイント
https://www.goalous.com/blog/ja/good-team-make/

TKP 貸し会議室ネット　会議のお役立ち情報
https://www.kashikaigishitsu.net/contents/005/page1.html

『図解ドラッカー入門』森岡謙仁 著、中経出版

『まんがと図解でわかるドラッカーリーダーシップ論』藤屋伸二監修、宝島社

『経営者に贈る５つの質問』P.F. ドラッカー著、上田惇生訳、ダイヤモンド社

※引用文献に関しては、本文内に出典を記載しています。

チャートで考えればうまくいく　一生役立つ「構造化思考」養成講座

発行日　2021 年 12 月 25 日　第 1 刷
　　　　2022 年 6 月 10 日　第 3 刷

Author	安藤芳樹
Book Designer & DTP	坂本弓華（dig）
Publication	株式会社ディスカヴァー・トゥエンティワン
	〒102-0093　東京都千代田区平河町 2-16-1 平河町森タワー 11F
	TEL　03-3237-8321（代表）03-3237-8345（営業）
	FAX　03-3237-8323
	https://d21.co.jp/
Publisher	谷口奈緒美
Editor	千葉正幸　元木優子　（編集協力：熊本りか）

Store Sales Company

蛯原昇　安永智洋　榊原僚　古矢薫　青木翔平　井筒浩　小田木もも　越智佳南子　小山怜那
川本寛子　工藤奈津子　佐藤淳基　佐々木玲奈　志摩晃司　副島杏南　高橋雛乃　滝口景太郎
竹内大貴　辰巳佳衣　津野主揮　野村美空　廣内悠理　松ノ下直輝　三角真穂　宮田有利子
山中麻吏　藤井多穂子　井澤徳子　石橋佐知子　伊藤香　葛目美枝子　鈴木洋子　町田加奈子

EPublishing Company

小田孝文　飯田智樹　川島理　中島俊平　佐藤昌幸　青木涼馬　磯部隆　大崎双葉
越野志絵良　庄司知世　杉田彰子　田山礼真　中西花　西川なつか　野﨑竜海
野中保奈美　八木眸　高原未来子　中澤泰宏　森遊机　伊藤由美　蛯原華恵　俵敬子
畑野衣見

Product Company

大山聡子　藤田浩芳　大竹朝子　小関勝則　千葉正幸　原典宏　伊東佑真　榎本明日香
大田原恵美　岡本雄太郎　倉田華　志摩麻衣　舘瑞恵　橋本莉奈　牧野類　三谷祐一
元木優子　安永姫菜　渡辺基志　小石亜季

Business Solution Company

谷本健　早水真吾　野村美紀　林秀樹　南健一　村尾純司　藤井かおり

Corporate Design Group

塩川和真　森谷真一　大星多聞　堀部直人　井上竜之介　王廳　奥田千晶　斎藤悠人
佐藤サラ圭　田中亜紀　福永友紀　山田諭志　池田望　石光まゆ子　齋藤朋子　福田章平
丸山香織　宮崎陽子　阿知波淳平　遠藤文香　王玮祎　小田日和　加藤沙葵　河北美汐
吉川由理　菊地美恵　小林雅治　鈴木あさひ　高田彩菜　瀧山響子　田中真悠　玉井里奈
鶴岡蒼也　寺岡凜　道玄萌　富永啓　永田健太　峯岸美有

Proofreader	文字工房燦光
Printing	日経印刷株式会社

ISBN978-4-7993-2805-7

Discover

人と組織の可能性を拓く
ディスカヴァー・トゥエンティワンからのご案内

本書のご感想をいただいた方に
うれしい特典をお届けします！

特典内容の確認・ご応募はこちらから

https://d21.co.jp/news/event/book-voice/

最後までお読みいただき、ありがとうございます。
本書を通して、何か発見はありましたか？
ぜひ、感想をお聞かせください。

いただいた感想は、著者と編集者が拝読します。

また、ご感想をくださった方には、お得な特典をお届けします。